短视频直播电商实战

优化 + 原创 + 拍摄 + 直播

邹鹏程（千道） ◎ 编著

人民邮电出版社

北京

图书在版编目（CIP）数据

短视频直播电商实战：优化+原创+拍摄+直播 / 邹鹏程编著. -- 北京：人民邮电出版社，2021.8
ISBN 978-7-115-56097-1

Ⅰ. ①短… Ⅱ. ①邹… Ⅲ. ①网络营销 Ⅳ. ①F713.365.2

中国版本图书馆CIP数据核字(2021)第041111号

内 容 提 要

短视频直播电商已然成为当下非常热的风口，但用户想要摸清楚短视频直播电商系统的操作方式并实现快速变现难度极高，本书专为解决这些问题而写。

本书共9章：第1章讲解短视频直播电商的盈利方式、核心三大要素和四大主流直播平台的对比与选择，引导读者系统了解短视频直播电商行业；第2章讲解平台的核心算法逻辑、高权重账号的注册与包装，让读者可以按照指导一步步地建立账号；第3章讲解如何进行账号定位、写出吸睛标题、创作犀利脚本以及如何助力视频上热门，帮助读者快速进入短视频直播领域；第4章系统讲解短视频拍摄设备的选择、拍摄技巧与带货类视频的拍摄方法，让读者可以更轻松地上手拍摄；第5章讲解手机的剪辑技巧与方式，让普通人也可以快速上手做好视频剪辑；第6章详解直播带货的准备工作，包括从直播间搭建、选品到团队人员配比，再到直播前的内容运营，让读者对短视频直播电商有更清晰的认知；第7章讲解千万级带货直播间的系统打造方法，帮助读者快速打造属于自己的带货直播间；第8章讲解直播后的复盘与精进，帮助新人主播快速找到存在的问题，以便及时调整，快速成长；第9章讲解普通人与不同行业如何参与短视频直播电商，让各个领域的人都可以进入短视频直播电商领域，为自己、为门店、为企业、为品牌赋能。

本书不仅适合想通过短视频直播电商赚钱的创业者，也非常适合作为品牌公司新媒体部门的直播电商业务模块的行动指南，同时还适合想解决自己线下门店或供应链的流量和销量问题的商家与企业。

◆ 编　　著　邹鹏程（千道）
　责任编辑　张天怡
　责任印制　王　郁　陈　犇

◆ 人民邮电出版社出版发行　北京市丰台区成寿寺路11号
　邮编　100164　电子邮件　315@ptpress.com.cn
　网址　https://www.ptpress.com.cn
　大厂回族自治县聚鑫印刷有限责任公司印刷

◆ 开本：720×960　1/16
　印张：16.75　　　　　　　　　2021年8月第1版
　字数：225千字　　　　　　　　2021年8月河北第1次印刷

定价：59.90元

读者服务热线：(010)81055410　印装质量热线：(010)81055316
反盗版热线：(010)81055315
广告经营许可证：京东市监广登字 20170147 号

Preface 前言

2020年,短视频直播电商被快速推到行业的风口浪尖,并彻底迎来"全民直播带货"的浪潮。从个人到团队,到机构,很多人都想进入短视频直播电商的市场中分一杯羹,但大多数人都是蒙着头进场,只能每天看着头部主播的销售额战报羡慕不已,真正从中获利的人却不多。

据专业报告统计,我国的年轻人群体每天消耗在短视频平台上的平均时长已经超过4小时。流量在哪里,机会就在哪里。目前,短视频直播的火爆已经成为事实,短视频直播已经成为大众在生活中离不开的一种娱乐消费方式。

随着想要参与短视频直播电商的朋友越来越多,更多的问题也浮出水面,许多个人、品牌方、供应链在面对短视频直播电商时都处于一种思维混乱,甚至束手无策的状态。问题主要集中在以下3个方面。

第一,没有系统的框架思路。

很多品牌方和想进入短视频直播电商领域的从业者很清楚地知道短视频直播电商是未来的发展方向和突破口,但只能眼睁睁地看着同行和身边的朋友不断地"爆单",自己却根本不知道要从哪里入手。

第二,不懂短视频直播的细节运营。

已经进入短视频直播电商领域的品牌方、企业、个人面临着大量细节问题:发布视频后没有流量;直播间没有用户,不知道该如何留住用户、如何运营账号;直播间有用户却没人下单;不知道如何搭建团队、如何激励团队成员;不知道该如何找到优质的产品与供应链等。

第三，平台规则迭代太快，跟不上节奏。

短视频和直播规则变化太快，市场上经常会出现各种新的直播规则和技巧，但每当团队进行实操时，规则已更新换代。团队投入大量人力与财力、浪费大量时间、多次试错却收效甚微，导致团队丧失信心与战斗力，也给公司造成较大损失。

目前我在全国拥有6家直播基地，且还在不断扩张，拥有电商主播近600名，大家遇到的所有问题大都是我们曾经遇到过的问题。为了解决这些问题，我们每个月都会花费几十万元去试错与学习。而通过本书，我会帮助大家一一解决这些问题，带大家真正进入短视频直播电商的赛道。

由于目前短视频直播电商行业仍处于高速发展的阶段，新平台不断涌现，新规则不断调整，新玩法不断升级，本书若有不当之处，恳请广大读者提出宝贵的意见与建议。

千道

2021年6月

Contents 目录

第1章 时代的红利——短视频直播电商

1.1 5G时代的真正红利崛起　/002
1.1.1　流量红利的再次来袭　/002
1.1.2　线上/线下整合营销成为全新趋势　/003

1.2 为什么一定要做短视频直播电商　/004
1.2.1　什么是短视频直播电商　/004
1.2.2　短视频直播电商能变现吗　/004
1.2.3　短视频直播电商如何变现　/005

1.3 直播电商核心三大要素——人、货、场　/007
1.3.1　新时代红利下的人、货、场方法论　/007
1.3.2　直播电商下的新"人、货、场"详解　/008

1.4 四大主流平台的对比与选择　/009
1.4.1　淘宝、快手、抖音、微信之间的联系与差别　/009
1.4.2　如何选择与自己匹配的平台　/011

第2章 跟平台做朋友，顺应平台规则

2.1 解密平台算法　/014
2.1.1　抖音：我推荐的一定是你喜欢的　/014
2.1.2　神秘的上台阶式流量推荐机制　/015

2.2 高权重账号，你值得拥有　/018
2.2.1　账号权重在平台中的作用　/018
2.2.2　抖音的五大权重等级　/019
2.2.3　如何注册高权重账号　/020

2.2.4　5招教你提升账号权重　/022

2.3 专业化操作之账号包装　/024

2.3.1　账号包装可以带来的好处　/024

2.3.2　个人IP类账号包装方式　/025

2.3.3　"种草"带货类账号包装方式　/027

第3章　账号定位与热门内容生产

3.1 精准定位，助你快速"杀出重围"　/030

3.1.1　变现定位　/030

3.1.2　标签定位　/032

3.1.3　用户定位　/033

3.1.4　人设定位　/034

3.1.5　场景定位　/037

3.2 吸睛标题，创作标题的五大核心模板　/038

3.2.1　直说式标题　/038

3.2.2　悬念式标题　/039

3.2.3　提问式标题　/040

3.2.4　命令式标题　/041

3.2.5　数字式标题　/042

3.3 犀利脚本，创作热门视频脚本的七大技巧　/044

3.3.1　脚本中的生活视角是否有新意　/046

3.3.2　内容中是否有一个好故事　/048

3.3.3　情节是否曲折吸引人　/052

3.3.4　内容是否拥有悬念　/054

3.3.5　人物刻画是否个性鲜明　/056

3.3.6　有没有发人深省的哲理内涵　/058

3.3.7　视频可操作性极强　/060

3.4 视频上热门的八大助力技巧　/063

3.4.1　多多参加热门挑战　/063

3.4.2　紧追热点，创造简短精悍的内容　/065

3.4.3　时刻收藏热门音乐　/068

3.4.4　设置具有吸引力的标题　/071

3.4.5　注意视频发布的热门时段　/072

3.4.6　视频发布后快开直播　/075

目录

  3.4.7 评论区引导视频风向 /075

  3.4.8 不断复盘优化提升作品品质 /076

第4章 摄影高手速成指南

4.1 短视频拍摄设备的选择与注意事项 /079

  4.1.1 相机与手机哪个更适合短视频拍摄 /079

  4.1.2 四大辅助工具助力拍出流畅大片 /080

4.2 玩转镜头语言，提高视频质量 /082

  4.2.1 5种运镜技巧，让你的视频不再枯燥无味 /082

  4.2.2 玩转角度与景别，用普通场景拍大片 /083

  4.2.3 5种构图方法，拍出电影级别画面 /087

  4.2.4 玩好转场，让随拍视频精彩十足 /091

4.3 学会延时摄影，完美控制视频情绪 /092

4.4 如何拍出好玩有趣的热门VLOG /095

  4.4.1 热门VLOG四大分类 /095

  4.4.2 VLOG内容创作四大框架 /096

  4.4.3 VLOG创作三大热门文案技巧 /098

4.5 学会这8招，新手也可拍出热门带货视频 /099

  4.5.1 找对标 /099

  4.5.2 罗列产品卖点 /101

  4.5.3 "蹭"热门事件、紧跟热点 /102

  4.5.4 增加爆点 /103

  4.5.5 黄金3秒抓人眼球 /104

  4.5.6 人物神态、服饰、道具、场景 /105

  4.5.7 产品展示逻辑 /107

  4.5.8 拍摄手法、角度 /107

第5章 手机剪大片

5.1 视频剪辑，一部手机就够了 /110

5.2 如何制作热门视频封面，快速吸引用户 /112

5.3 学会这招，让你3秒搞定视频字幕 /113

5.4 如何添加热门音乐，助力视频获得高热度 /116

5.5 掌握万能调色模板，让你的视频更加高清 /118

5.6 引导关注的片尾制作方法，为"涨粉"助力 /119

5.7 卡点类带货视频的手机剪辑方法　/121

第 6 章　带货直播的四大前期准备

6.1 直播间定位五部曲　/124
6.1.1　主播人设定位（我是谁）　/124
6.1.2　用户画像定位（面对谁）　/126
6.1.3　产品格调定位（提供什么样的服务或产品）　/128
6.1.4　用户需求定位（解决消费者什么问题）　/131
6.1.5　产品卖点定位（给消费者带来的好处）　/133

6.2 如何快速低成本搭建直播间　/136
6.2.1　关于直播间的场地选择　/136
6.2.2　直播间布置要点　/138
6.2.3　带货直播需要用到的三大设备　/141

6.3 直播间选品　/142
6.3.1　选品七大核心要素　/143
6.3.2　选品的六大常用渠道　/148
6.3.3　独家高佣权限　/152

6.4 直播电商团队最佳人员配比　/153
6.4.1　场上人员配比　/153
6.4.2　场下人员构成　/155

6.5 直播前的内容运营　/156
6.5.1　学会调研对手，对标同行　/156
6.5.2　设计直播内容与制作直播流程　/158
6.5.3　这样策划活动，快速"引爆"直播间　/166
6.5.4　开播前的试播与演练　/169

第 7 章　如何打造一场千万级的带货直播

7.1 造势与预热　/173
7.1.1　开播前发布视频为直播预热　/173
7.1.2　在粉丝群内预告直播时间　/177
7.1.3　利用朋友圈进行造势宣传　/179

7.2 热门标题与封面设计　/181
7.2.1　教你快速成为用户喜欢的"标题党"　/181
7.2.2　如何设计高级封面助推直播　/187

7.3 直播间冷启动如何操作 /191
- 7.3.1 做好多渠道分发，让流量倍速增长 /191
- 7.3.2 学会DOU+投放，直播间不热都难 /194
- 7.3.3 达人连麦较量，引流互相成就 /197
- 7.3.4 直播中如何巧用粉丝增加直播间人气 /198

7.4 直播策略 /202
- 7.4.1 玩转产品策略，用户欲罢不能 /202
- 7.4.2 直播电商活动策略五大秘诀 /205
- 7.4.3 学会游戏互动，增强用户黏性 /208
- 7.4.4 那些必学的直播手势与话术 /209

7.5 7步销售法 /212
- 7.5.1 设置悬念，引入话题 /213
- 7.5.2 获取信任，给予利益 /213
- 7.5.3 提出痛点，引出需求 /214
- 7.5.4 放大痛点，勾起欲望 /215
- 7.5.5 利他思维，卖点提炼 /216
- 7.5.6 干货知识，提升价值 /216
- 7.5.7 降低门槛，临门一脚 /217

7.6 下期预告与粉丝引流 /220
- 7.6.1 预告下次直播的时间、内容和福利 /220
- 7.6.2 引导关注，引流私域流量 /221

第8章 直播后的复盘与精进

8.1 优质直播片段的切片与分发 /224
- 8.1.1 如何制作优质切片 /224
- 8.1.2 切片后分发渠道的选择 /225

8.2 玩转直播复盘，让数据节节攀升 /226
- 8.2.1 直播复盘的目的 /226
- 8.2.2 如何进行直播复盘 /228

8.3 掌握数据分析法，让直播间持续精进 /231
- 8.3.1 哪些数据值得特别注意 /231
- 8.3.2 不同数据分别代表的不同含义 /234

8.4 粉丝运营与交互 /234
- 8.4.1 打造人格化IP，做用户的朋友 /235

8.4.2　持续输出干货，为用户创造价值　/238

8.4.3　多与用户交流，挖掘用户的深度需求　/239

第9章　市场巨变，普通人的红利期真正到来

9.1　混沌之后就是爆发　/242

9.2　不同行业如何抓住此次变革红利　/242

9.2.1　"三农"领域的新时代变革　/242

9.2.2　服装行业的万能转型模板　/245

9.2.3　餐饮门店的全新机遇　/249

9.3　全民播商时代来临　/252

9.3.1　普通人崛起的时代降临　/253

9.3.2　传统电商卖家的市场红利　/253

9.3.3　新人如何抓住这轮时代机遇　/253

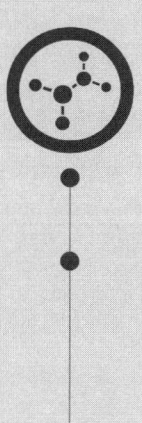

第 1 章
时代的红利——短视频直播电商

随着时代的发展，产品营销与品牌推广的方式不断地迭代与更新，从传统的官方报刊、电视节目营销，到网络电商平台，再到如今的新媒体信息流带货，产品营销和品牌推广的速度与便捷性不断提升。全民带货时代到来后，更多的普通用户会在抖音、快手等平台买货、带货，用户多、带货能力强的主播也将越来越多，直播带货将逐渐成为信息流广告的未来。

1.1 5G时代的真正红利崛起

家庭消费场景及线上消费场景将逐渐成为目前主要的消费场景，电商新零售、在线视频、网络游戏、在线教育、生物医药等伴随着5G时代的来临，将迎来短期的爆发式发展。

1.1.1 流量红利的再次来袭

3G的普及带来了移动互联网，4G的普及带来了图文时代的蓬勃发展，5G的普及则会带来短视频的快速发展。5G时代的到来不但可以带来一波新的巨额经济增长，还能够创造大量的就业机会。

无视频不生活，短视频直播电商将会像之前的报纸、图文一样，占据更多用户的关注时间以及更多的商业流量，大大改变消费者之前的上网习惯与消费习惯。5G技术将为人类的生活提供更好的物与物的连接、人与物的连接，从而为短视频直播电商的发展提供保证，进而提高短视频行业的专业水平，用户会越来越习惯在刷视频、看直播的过程中消费、购物、娱乐。

5G给短视频带来的不仅仅是一场技术革命，更是一场产业革命，将催生新的业态。网络红人（以下简称"网红"）带货早已成为短视频直播电商的常态，它将内容产业与零售业完美地结合在一起，催生了内容零售业。截至2020年2月，已经有超过100种线下职业转战直播，500多家房地产机构直播卖房，20多个汽车品牌直播卖车。截至 2020 年 1 月，短视频行业的日活跃人数早已超过 4 亿，月活跃人数超过 20 亿，并且用户每天平均使用时长超过 60 分钟，短视频行业具备大量的、高频的用户基数。一场云端蹦迪直播可以达到 7 万多人同时在线，打赏"音浪"700 多万。"景区云旅游""云蹦迪""云卖房""云课堂"这类云端演绎让实体经济重新认识到数字化的价值，兼具内容创作、社交与交易的新兴业态未来将大有可为。直播带货将会成为以后商家标配的营销手段，帮助他们实现线上、线下的双剑合璧，拉动实体经济发展。

短视频直播电商将成为移动互联网时代现象级的风口。变则进，不变则退。如果我们接下来还不懂得把握"短视频 + 直播 + 电商"的营销模式，那就像 4G 时代不懂得微营销一样，将有很大概率被社会所淘汰。面对 5G 时代短视频直播电商的红利风口，越早做，越容易抢占流量红利，越容易成功。

1.1.2　线上/线下整合营销成为全新趋势

短视频直播带货的飞速发展给人们的生活和传统行业带来了巨大的影响。以前消费者购买产品，只能通过线下；后来电商崛起，消费者可以通过电商平台购买产品；但现在，浏览视频、观看直播都可以快速地购买产品。

如今的互联网早已不是过去的态势，所有的行业都能够在互联网上进行销售、宣传等活动，短视频直播电商也成为其必不可少的一部分。它为当下的社会提供了一种全新的生活方式，迎合了人们的生活节奏，早已渗透到人们的衣食住行中。越来越多的传统企业、线下实体店通过"短视频 + 直播 + 电商"模式为消费者提供在线预约、下单等服务。

用户需求无时无刻不被引导着，而只依靠单一的渠道引导用户产生购买行为，其效果肯定是有限的。融合互联网是传统行业的发展趋势，通过流量入口把线下、线上的场景结合到一起，整合线上平台资源和线下服务实体，是未来 5～10 年营销的主要发展趋势。

2019年是短视频直播电商的元年，在"互联网+直播+电商"的新格局中，很多加工厂、国产品牌利用"短视频+直播+电商"模式，吸引了大批的用户，如花西子、完美日记等。因此，企业和个人一定要学会更好地利用"短视频+直播+电商"的营销模式，消除线上、线下的隔阂，实现流量的双向流通，只有这样才能在时代的浪潮中前行得更远。

1.2 为什么一定要做短视频直播电商

为商之道在于人气，人气旺则财气旺，放眼当今社会，人气就是流量，流量在哪里聚集，财富就在哪里聚集。短视频直播电商是时代的选择，是流量的聚集地，也是未来的发展趋势。

1.2.1 什么是短视频直播电商

直播电商一般指通过直播平台（如淘宝直播、抖音直播、快手直播、头条直播、微信直播等）来推广品牌或者直接销售产品的自然人。直播带货就是指通过直播平台，进行现场直播卖货的行为。

"短视频+直播+电商"构成了短视频直播电商。

1.2.2 短视频直播电商能变现吗

短视频直播电商是目前最快的变现方式之一。

随着5G网络基础设施及5G移动智能设备的普及，短视频直播电商即将迎来又一波流量洪流。目前，通过短视频展现"内容+直播带货"已成为一种潮流，很多商家都在化被动为主动，积极开拓短视频直播电商领域的流量池。

"大学生一条带货视频，4天收益100多万元""泡泡面膜，一月卖出80万盒，销售额增长至6000多万元""一场直播卖出120吨石榴，20分钟成交额破600万元"，绝大多数产品可以通过"短视频+直播+电商"的营销渠道实现阶梯式的销售额增长,短视频流量的崛起,让每个人都拥有了机会,无论是企业还是个人都可以在其中找到合适的商业变现路径。

2019年是直播电商的元年,2020年,直播电商更是加快了发展步伐,目前正在逐渐形成全民带货的趋势。商场营业员、4S店店员、书店老板纷纷开启了线上直播卖货,而"短视频+直播+电商"模式也给各行各业带来了新的营销渠道。

有关数据显示,2019年在线直播用户为5.04亿,2020年达到5.26亿,销售规模超过9000多亿元。面对如此大的市场,如果你也有流量需求,有卖货需求,那么你也可以行动起来,开启直播带货的新篇章。

随着工作和生活压力的不断增大,用户越来越忙,时间越发碎片化,而短视频直播电商是碎片化时间最好的填充者之一,能够在较短的时间里带给用户价值和快乐,为其生活提供极大的便利,并在未来有很大可能成为一种全民娱乐方式。风口之上,势能最大,只要把握好当下的机会,利用好短视频直播电商,抓住流量红利,就很有可能取得成功。

1.2.3 短视频直播电商如何变现

直播电商平台的变现有两种方式:一是流量变现,如直播打赏、接广告等都属于这一类;二是电商变现,简单来说就是直播卖货盈利。但作为一个普通人,如何在短视频直播带货领域中获得收益呢?这里提供5个思路,如图1-1所示。

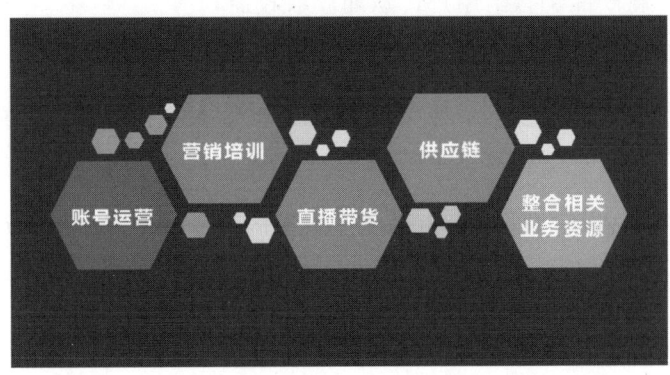

图1-1

1. 账号运营

短视频直播电商离不开短视频账号的运营，而无论是哪种账号，其运营的逻辑和道理都是相同的。普通人可以关注短视频行业动态，学习相关的运营技巧和方法，提升自己运营账号的能力；一旦在这方面有了较强的能力，就可以自己运营账号或为他人提供账号运营服务，从而获取收益。

2. 营销培训

各个行业都可以利用短视频直播电商进行赋能，而这又是一个庞大的市场，因此催生了各类短视频直播电商的营销培训。毕竟虽然有很多行业都进入了短视频直播电商领域，但是真正懂得如何去做的人很少，具备相关专业知识的人更少，所以营销培训的市场潜力是巨大的。

3. 直播带货

从"网红"带货、名人带货一场动辄几十万元、几百万元、上千万元的销售额，就能看出直播带货的市场潜力到底有多大。也许普通人无法像"网红"、名人那样实现那么高的销售额，但抓住红利，收益也不会太低。未来线上的销售渠道将变成"短视频＋直播＋电商"的组合，无论是各大品牌、企业还是短视频直播平台都在向"短视频＋直播＋电商"模式靠拢。流量平台与电商平台相互碰撞产生的火花一定会带来巨大的利润空间，而新人主播需要做的就是做一名合格的线上直播销售员，将产品销售给用户，从而获取收益。

4. 供应链

直播带货早期是人带货，目前逐渐转化为货带人，货是整个商业闭环中最重要的链条。

热门直播间全靠热门供应链的支撑，而市场上缺好产品、缺热门产品、缺性价比高的产品，这时就需要有强大的供应链作为支撑。

做不成热门产品，就做热门供应链。"网红"需要寻找和对接更多、更优质的供应链，给用户提供更好的产品与体验；商家想要推出自己的热门产品，提高销售额，获得丰厚的利润。两个"齿轮"——"网红"和商家，不一定能够合在一起，需要中间有一个承接人把双方撮合在一起，促成双方合作并从中赚取差价，因此渠道商（"网红"和商家对接的中介）的作用就体现出来了。

5. 整合相关业务资源

作为普通人，如果既学不会专业知识又不能侃侃而谈，既做不了账号运营又做不了讲师，更做不了主播，该怎么办呢？短视频直播电商行业的发展往往伴随着各类技术、工具、设备的升级，这样才能做得更好、走得更远，因此作为一名普通人，可以给短视频直播电商行业提供相关的业务服务。如直播过程中需要手机、三脚架、美颜灯等设备，我们可以从相关的一些配件出发，将这个行业需要的东西卖给行业里需要的人，从而获得收益。

1.3 直播电商核心三大要素——人、货、场

由于互联网尤其是移动互联网的发展，传统的商业逻辑和商业模式逐渐被无边界的用户需求和跨界竞争所颠覆。企业、商家面临成本优势荡然无存、创新能力丧失、渠道优势瓦解的三大难题，由此催生了新的人、货、场概念。

1.3.1 新时代红利下的人、货、场方法论

新时代的人从消费者升级为用户，货从标准工业品升级为个性化产品，场从卖场升级为场景。

1. 从消费者到用户的转变

从消费者到用户的转变，需要重构用户认知。企业的商业价值不在企业内部，而是存在于用户的心智中，企业所提供的产品或服务要能够满足用户内心的深层次需求。

2. 从标准工业品到个性化产品的转变

产品反映的是用户需求，是用户价值的延伸。随着社会的发展，用户需求越来越多元化，因此对于产品价值的认知就变得极为简洁，但同时由于用户的复合需求增多，相对应的产品的价值范围就变得更广了。一款产品要满足用户的核心需求，首先其卖点要鲜明，要在功能、特性、效果上与用户的心理预期一致，同时还能够更加立体地满足用户多层面的需求。

3. 从卖场到场景的转变

通过个性化、多元化的场景实现人货合一，带给用户极致的购物体验，拉近用户与产品之间的距离，是卖场转变到场景的终极目标。

目前人、货、场正在朝着精细化、个性化、多样化的方向逐渐进化。

1.3.2 直播电商下的新"人、货、场"详解

要想做好直播电商，一定离不开对人、货、场的思考，只有把人、货、场共同组建好才能做好直播电商。那么在直播电商领域，如何理解人、货、场呢？

1. 人

直播带货最必不可少的一定是人，但大部分人单纯地以为直播带货只需要一个主播就可以了，如果你也这么想，那就大错特错了。

主播固然可以通过塑造个人IP和网络影响力将其在平台内积累的普通用户转化为有购买需求的产品消费者，培养用户信任感并建立长期认同感，但只有主播是远远不够的。每一次直播都是主播与用户之间的互动、主播与商家的博弈、主播与团队成员的配合，因此直播带货中的"人"指的是参与整个直播过程的每个人。但其中最重要的是主播，一个辨识度高且不会被轻易取代的人格化主播是非常必要的。由此就涉及主播人选、形象打造、业务能力等问题，需要商家、运营者根据实际情况选择合适的主播。

2. 货

货指的就是直播过程中的产品，价格更优惠、品相更好、品质更好的货是一场直播决胜的关键。随着直播电商的发展，直播所带的货也越来越多元化，早已不局限于实物产品，出现了万物皆可直播的情况，如服务、虚拟产品、知识课程等都可以通过直播进行销售。目前直播电商中较好的领域有 3 个，分别是珠宝、服饰及美妆，但其他领域也有很大的发展空间。

3. 场

场指的是直播间，尤其是多元化的直播间。虽说在电商直播中，只要主播架个手机就可以直播了，但是一个赏心悦目的直播间对于用户的留存还是很重要的。一个好的直播间场景可以把用户带入情境中，给用户提供愉悦的购物氛围。直播带货的场景并不局限于室内的一个小屋子，只要是主播在直播过程中所处的环境都可以称为直播间。如农产品直播，可以选择田间地头、家庭厨房、农产品批发地等作为直播场景。第 6 章会给大家详细讲解直播场地的搭建。

1.4 四大主流平台的对比与选择

目前直播带货平台以淘宝、快手、抖音、微信为主，小红书、蘑菇街相继进入直播电商领域，拼多多、京东、有赞等电商平台逐渐试水。可以看到，各大平台都在大力扶持自身平台的直播带货业务，抢占直播电商的流量红利，那么究竟该如何选择直播带货平台呢？

1.4.1 淘宝、快手、抖音、微信之间的联系与差别

目前各大平台大都开启了直播带货的功能，大力推广直播业务，但是对于正在观望、还在摸索直播带货的普通用户来说，他们对各大平台的基础功能、优劣势及开播条件等都不是很了解，面对如此多的平台很容易挑花眼。因此，在选择

平台前，普通用户需要对每个平台的调性做充分的了解。

1. 淘宝直播

淘宝在电商行业中的地位毋庸置疑，直播带货的发源地正是淘宝直播。从最早几百万的日活跃用户数量（Daily Active User，DAU）到千万级别的日活跃用户数量，淘宝直播用了两年多的时间，更是通过2019年双"十一""全网最低价"的卖点携手薇娅、李佳琦等主播成功引爆市场，"双十一"当天带货近200亿元。

淘宝直播的主流用户画像与微商的用户画像存在大比例的重合，主要是三四线城市有一定消费能力的年轻女性，一般以学生和白领居多。

淘宝直播最大的带货品类是服装，其次是美妆、母婴、美食。盈利最大的品类是美妆，成交量大、客单价高、利润率极高。

淘宝直播属于消费类的直播带货，内容形式较为单一，主播两极分化严重，其中90%是商家自有主播，达人主播所占比例不足10%。

2. 快手直播

2017年，快手开启了"打赏＋直播"的模式，虽然快手的直播带货起步晚于淘宝，但其发展速度比淘宝更快，直播早已成为快手的带货利器。

快手直播主打下沉市场，其用户不仅仅集中在三四线城市，更下沉至五线城市乃至乡镇、农村等，"小镇青年"（居住在乡镇的中青年们）是快手直播的主流用户，对于快手电商的成交额（Gross Merchandise Volume，GMV）的贡献是最大的。

快手不是一个电商平台，并不擅长电商业务，大部分依托于外部平台，主要的成交场所有4个，分别是淘宝，魔筷星选、有赞等去中心化平台，拼多多，快手自营产品。在快手上，低毛利率、去库存的产品是热门品类。

3. 抖音直播

抖音直播带货的大部分产品需要跳转到淘宝、天猫、京东成交，只有少部分是抖音自有产品。但2020年抖音开始全面布局电商板块，加大了对自有电商的扶持力度，增加了其曝光量。

抖音用户的购买主力集中在一二线城市的年轻女性群体中，她们的购买力较高，热门品类包含服装、美妆、母婴。

4. 微信直播

微信直播在 2019 年 7 月才起步，进入门槛相对较低。将微信直播做好可以有效地激活公众号、小程序电商，但目前用户的习惯还未养成，未来发展状况还不明确。

1.4.2 如何选择与自己匹配的平台

买东西时要秉承选择适合自己的、不过分追求价格高昂的原则，选择直播带货平台时也是如此，根据自身实际情况选择适合自己的平台才能走得更好、更远。

1. 淘宝直播

淘宝作为最大的 B2C（商对客电子商务模式）电商平台之一，流量是其最大的优势。淘宝用户与平台之间存在着较为亲密的购买关系，用户目标明确、信任感强，进入平台就是为了购买商品。

淘宝对于主播的扶持秉承均衡的原则，但淘宝的审核机制非常严格，因为淘宝直播归根结底是为店铺服务，所以对于商家资质、产品、地理位置都有严格的要求，不能随意地滥用直播。在开直播前，淘宝至少需要对商家进行一周的审核，不但要审核所带的货，还要审核直播方案。

目前淘宝直播已经非常成熟，而个人或小型公司很难与专业化的商家主播和达人主播相比，几乎不具备任何优势，后期很难有较大的发展空间。

2. 快手直播

快手的直播生态别具一格，带有浓浓的"江湖"气息，很多都是"家族制"，形成了独特的"老铁经济"。

对于做直播创业的人群，尤其是面向小镇中青年的垂直"网红"来说，快手是较好的流量变现平台，其管控相对较少，用户基数大，呈现方式多样化，卖货

"短平快"，什么货都有人卖，如直播买挖掘机、拖拉机等。更重要的是快手并不忌讳主播把流量私有化，这是淘宝、抖音等平台不能比拟的优势。

3. 抖音直播

抖音的日活跃用户数量超过4亿，属于短视频平台活跃用户数量的领先者，远远超过其他的短视频平台，具备很大的流量基数。目前，抖音的直播和电商仍处于快速爆发期及生态磨合期，各类规则还在不断完善，依然处于红利期。

4. 微信直播

微信直播依托微信作为基础，有着强联系的天然肥沃土壤。微信注册活跃用户达到11亿，有着天然的信任基因，更适合微商进行直播卖货。微信直播允许微商在直播过程中将微信号挂在直播间，让每一位观看直播的用户都可以清晰直观地看到微信号。

每个平台的核心用户不一样，用户诉求也不一样，因此并不是每个平台都有良好的带货基因。直播电商的从业者需要熟知每个平台的调性和特色，将平台与内容精准结合。个人认为抖音直播带货适合新人，如果有符合其他平台条件和门槛的可结合自身拥有的资源做最佳的匹配。

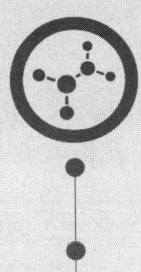

第 2 章
跟平台做朋友，顺应平台规则

正所谓知己知彼，方能百战不殆。不同平台有不同的风格和规则，作为主播，只有对自己所在平台的推荐机制了如指掌，才能有意识地设计自己的行为，从而引导平台判断你是优质用户，推送给你更多、更精准的流量。

2.1 解密平台算法

什么是算法？

简单来说，就是一套评判机制。这套机制对于平台内部的所有用户都有效。无论是内容生产者（拍视频的），还是内容消费者（看视频的），平台会根据每一位用户平时的行为来判断用户的性质，从而给用户贴标签，进而按照标签智能、个性化地推荐内容。

2.1.1 抖音：我推荐的一定是你喜欢的

为什么现在这么多人刷抖音，而且经常一刷就是好几个小时？原因在于抖音具有以下特点。

1. 独特的抖音标签

抖音会利用其独有的算法机制加上智能推荐模块给每一位抖音用户贴上独有的抖音标签。抖音的系统会记录用户浏览视频的行为习惯，比如看了哪一类型的视频，停留的时长，点赞、关注、评论、转发了哪一类型的作品，从而根据用户的行为习惯，推荐用户感兴趣的内容，做到千人千面。比如，用户喜欢看娱乐类视频，那么用户就会发现，其刷到的视频很大概率都是娱乐类的内容，看到的都是其喜欢的内容，所以才会停不下来。

2. 精彩 15 秒的及时反馈

抖音最初是一个视频时长只有 15 秒的音乐短视频平台，在 15 秒的时间内单刀直入，让用户在视觉、听觉、情境的共振中感受美好，任何吊人胃口的内容都

第 2 章
跟平台做朋友，顺应平台规则

会在 15 秒内获得反馈，让用户有即时的快感。15 秒的时间，能够让用户的注意力高度集中，给用户强烈的感官刺激，并且在用户的注意力还没有被完全消耗时，可以马上获取到下一条视频的内容；而下一个 15 秒的内容又会给用户带来很多不确定感，这种不确定感会刺激用户的好奇心。如此一来，用户就会陷入看了这条还想看下一条的循环，这也是很多用户本来打算 22:00 睡觉，但一刷抖音就出现深夜 00:00 还没有入睡的原因之一。

3. 记录美好生活

最初抖音把"记录美好生活"作为平台标语，不仅能记录自身的美好生活，同时也能让用户看到他人的美好生活。

因此抖音推荐的内容大多符合 3B（Beauty：美女；Beast：动物；Baby：婴儿）原则，这类内容会被推荐得比较多，因为其更容易激发用户的同理心，使用户看到很多日常生活中无法看到或忽视的美好事物。

4. 通俗易懂的内容

抖音上的内容绝大多数通俗易懂、贴近生活，对用户的认知水平要求不高，小到幼儿，大到老年人都可以参与其中。

2.1.2　神秘的上台阶式流量推荐机制

抖音平台采用的是去中心化的算法机制，它觉得好的内容就会被更快地曝光，让每一位短视频的内容创作者都有与头部账号公平竞争的机会。在抖音上，即使某个账号一个粉丝也没有，只要其发布的作品好，依然会被抖音平台里的其他用户看到。

抖音优质流量的推荐机制与审核机制是密切相关的，只有通过审核机制的作品，才有可能被更多的用户看到。

抖音的审核机制是怎样的呢？

每天都会有大量的创作者上传大量作品到抖音上，所以单纯地靠机器或者人工审核都不太现实，因此双重审核机制就成了抖音筛选作品的方法。

当创作者上传作品至抖音平台后，抖音会先启用机器审核，即通过提前设置好的人工智能模型来识别视频画面和标题关键词，如果发现违规会进行标记，作品需等待下一轮的人工审核。机器审核除了识别画面和关键词之外，还会将账号和现存的作品进行匹配消重，如果发现账号内容重复度过高，会对作品进行低流量推荐，或者降权推荐（仅粉丝可见/仅自己可见）。

接下来，作品会进入人工审核阶段。审核人员会集中对视频标题、封面截图和视频关键帧进行检测。针对机器审核筛查出的标记，审核人员会进行逐个细致审核，如果确定存在违规现象，就会对账号做出删除视频或封禁账号的处罚。

经过审核之后不存在违规情况的视频，就会进入冷启动的流量池进行曝光。抖音会根据平台算法，给每个创作者的作品分配一个初始的流量池。一般最初分配的初始流量池为200～300个真实在线用户，抖音根据初始流量池内用户的反馈（关注、评论、点赞、转发、完播率），再决定是否将这条视频推送给更多的用户。如果用户反馈数据好，抖音就会进行二次推送，让更多的用户看到这条视频，在二次推送过后这条视频又得到了较为优质的反馈，那么抖音会将其继续推送给更多的用户，如此反复，好的内容就像坐火箭一样，其流量噌噌往上涨；而如果用户反馈的数据较差，那么这条视频就不会被继续推送。

除此之外，抖音还会根据账号的权重进行判断，如果账号权重低、用户标签不精准，抖音将会直接停止对该账号视频内容的继续推荐；如果视频的反馈数据好，就会进入下一个流量池，甚至会形成"叠加推荐"的效应。

举例来说，平台分配给某视频300基础播放流量，系统会将其自动推送给喜欢这类视频的用户，之后根据这300个用户的反馈，即有多少人完整看完视频、有多少点赞、有多少评论、有多少关注、有多少转发，来判断这条视频是否优质。如果转发量达到30次，抖音就会根据算法判断这条视频是受欢迎的内容，将会自动为视频加权，并叠加推荐1万流量；如果转发量达到300次，抖音将会为视频持续叠加10万流量，以此类推，而这个时候这条视频也就慢慢地上热门了，这就

第 2 章
跟平台做朋友，顺应平台规则

是大数据算法的加权。

网络上人们整理的 8 级流量池推荐如下：

第一级，200～300；

第二级，3000～5000；

第三级，1.2 万～1.8 万；

第四级，10 万～12 万；

第五级，40 万～60 万；

第六级，200 万～300 万；

第七级，700 万～1100 万；

第八级，触发标签长期推荐。

叠加算法的评估标准是什么？

虽然叠加算法以视频内容的综合权重作为评估标准，但是这 4 个关键指标是必不可少的——完播率、点赞量、评论量、转发量。各项指标的权重分别为完播率＞转发量＞评论量＞点赞量。

当然为了推动平台的内容创作者不断地推陈出新，抖音平台也是煞费苦心。叠加推荐中的热度权重（视频的火热程度，如点赞量、评论量、转发量等）会随时间进行择新去旧，一条爆火的视频热度持续时间为 1～7 天，除非有大量的用户模仿跟拍，否则热度就会慢慢退去。

抖音的日活跃用户数量其实是有限的，平台用户总数变化不大，也就是说总的推荐量其实基本是固定的。这一方面是因为你的内容是靠和你内容相关的人群完成推荐的，另一方面是抖音并不希望某个账号极速爆火，而是希望能不断考验创作者的内容创作功力，以及创作者是否拥有不断输出优质内容的能力。

同时在更大的流量池内，视频会被更多抖音平台用户所监督。视频一旦被举报，就会直接进入人工审核环节，一旦确认违规，平台就会对视频采取停止推荐、删除视频、账号降权或者封禁账号的处罚。但即使视频被举报，视频创作者还是拥有申诉的权利，申诉成功的话，视频依然会进入1～7天的持续推荐期，直至流量触顶。

2.2 高权重账号，你值得拥有

在运营抖音账号的过程中，运营者经常会听到"账号权重"这样一个词。那账号权重在抖音运营中起到了什么作用？抖音运营又该如何提升账号权重？这将是本节的重点内容。

2.2.1 账号权重在平台中的作用

什么是账号权重？

权，即权力；重，即分量。简单说账号权重就是账号在平台中的权威程度，一个平台对于一个账号的重视程度和扶持力度在很大程度上取决于该账号的权重。权重对于账号最直接的影响就是，权重高的账号往往更被平台重视，自然其推荐量就会比较高，获得曝光的机会也比较多。

账号权重高有哪些好处？

1. 更多的流量推荐与扶持

同样是发布新作品，不同权重的账号会获得不同的流量。

普通账号：刚发布作品时会推荐200～500基础流量。

高权重账号：刚发布作品时会推荐1万流量。

如果作品内容好、质量高，就会进入下一级的流量池。

因此，高权重账号也就意味着高推荐量！权重不同，起跑线就不同。

2. 更多内测的机会

平台经常会推出新功能、新活动，在此之前都会有内测期，账号权重高就容易获得更多的内测机会。例如，抖音App经常会进行升级，而高权重账号可以优先获得内测版本，只要在内测版本中测试并反馈有效的系统漏洞（Bug），就可以获得平台给予的奖金。

3. 更利于账号的稳定

抖音会定期清理账号和作品，会对一些存在领域混乱、长期断更、内容低俗、恶劣营销等问题的账号进行账号标识或者直接封禁账号处理，但是一些权重高的账号就不会轻易地被清除。关于这一点，笔者在 2019 年做创业类矩阵账号时深有体会，很多权重低的账号被直接封禁，但权重高的账号所受的影响较小。

4. 影响账号排名高低

在搜索引擎领域，账号权重的高低直接决定了账号排名的高低，在抖音里也是如此。

同样搜索一个关键词，权重高的账号会优先显示在搜索栏下方，权重低的账号则会排到几十名之后，甚至根本搜索不出来，必须要完整地输入账号名才有可能搜索到。

2.2.2 抖音的五大权重等级

一般来说，抖音账号运营者可以根据发布的作品的播放量来判断账号的权重，这里将账号权重分为了 5 个等级。

1. 僵尸账号

如果一个抖音账号，连续 10 个作品播放量都在 100 次以下，那么该账号就可以被判定为"僵尸账号"。这就意味着该账号权重为 0，不会有基础的流量推荐，即使是上传发布了作品也没有人看。

这里给出的建议是重新注册新账号，重新开始"养"号。

2. 低权重账号

如果一个抖音账号，连续 10 个作品的播放量都在 100～300 次，那么该账号就可以被判定为"低权重账号"。这类账号只能获得极少的流量推荐，并且流量质量较差。如果在半个月内视频播放量都没有突破的话，账号就会被降为"僵尸账号"。

这里给出的建议是账号运营者应发布高质量的原创视频，一定不要搬运他人视频。

3. 正常账号

如果一个账号，连续 10 个作品的播放量都在 500 ~ 1000 次，属于正常账号，但需要不断地优化视频内容，提高视频质量，否则账号将被降为低权重账号。

4. 待推荐账号

如果一个抖音账号，连续 10 个作品的播放量都在 1000 ~ 3000 次，那么该账号就可以被判定为"待推荐账号"。这类账号的权重已经比较高了，发布的作品基本上都会被分配到较高的流量池。

这里给出的建议是通过投"DOU+"的方式来继续提高账号播放量。

5. 待上热门账号

如果视频播放量保持在 1 万次左右，那该账号就是"待上热门账号"，账号权重已经非常高了，离上热门只差一个热门作品。

这里的建议是，账号运营者可以参加话题挑战、与达人合拍、拍摄同款热门视频、使用热门音乐，总而言之，尽可能地去提高热度。

2.2.3 如何注册高权重账号

抖音账号权重、抖音短视频内容是抖音账号能否上热门的两个决定性维度。这也是为什么同样发布一个作品，内容形式也差不多，但有的账号上了热门、卖货几千件，而有的账号却流量不过千、点赞个位数。一个权重高的账号才能带来更多的流量，获取更多的收益。

1. 尽量不要用新手机号注册抖音账号

互联网最"恐怖"的地方就在于大数据计算。用户在刚注册抖音账号时会出现两个弹窗：一个是"允许访问你的位置"，另一个是"允许访问通信录"。这两个"允许访问"可以帮助抖音快速判断注册的手机号是新号还是老号，同时还可以看到该

第 2 章
跟平台做朋友，顺应平台规则

手机号注册过哪些软件等。通过这些，抖音就可以分析出用户使用手机的习惯。

因此尽量不要用新手机号去注册抖音账号，因为在抖音的大数据里没有该手机号的相关信息存在，账号就很容易被认为是营销号，权重会非常低。

2. 注册的手机号是真实在用的

用来注册抖音的手机号最好有 15 位及以上的朋友的联系方式，并且这 15 位朋友也在玩抖音。

3. 一定要完善个人账号信息

个人账号信息包括这些内容：头像、名字、个人简介、性别、生日、地区、学校，最好是将所有的信息都填写完整。信息越完整，作品就会越优先推送给和账号有关联的用户，比如"关注你的人""同城的人""可能认识你的人"。

下面详细讲解一下个人账号信息如何填写。

（1）头像

头像最好是真人照片，或者是真人卡通形象；也可以把账号名字设计成头像图片，但一定要选择高清图片！

（2）名字

名字尽量个性化，让用户一下就能记住，最好是名字能够显示出账号的定位。如"名字+领域"的形式：××说车、××评测、××健身。

（3）个人简介

很多运营者在运营前期就把个人的联系方式放在了个人简介处。建议各位运营者在运营前期先不要这么做，等有一定粉丝基础时再添加也不迟。因为在没有粉丝时加联系方式，很容易被限流。前期在个人简介中可以放自己的座右铭或者能够体现个人特色的一句话。

（4）背景图片

可以放和账号内容相关的图片，或者是干净整洁的精美网图，但绝对不要放公司标识（Logo）、微信号、手机号。

（5）抖音号

抖音号虽然可以修改，但是只要确定下来，就不要轻易再修改了。

（6）绑定其他账号

如果有头条账号，那一定要绑定；也可以绑定像火山、微博、西瓜这样的第三方账号。这样，在抖音发布的作品也可以同步到其他平台上去，从而增加视频的曝光量。

（7）地区和学校

地区可以选填，可以填所在的城市，也可以填喜欢的城市。如果有线下实体店，最好还是填线下实体店所在地。学校也可以填写，这样发布的作品就会优先推送给同城或者同校的人。

（8）实名认证

一张身份证只可以绑定一个抖音账号，所以刚注册抖音账号时，不建议实名认证，可以先"养"号，然后再进行实名认证。

2.2.4 5招教你提升账号权重

工作中如果要评价一个人，一定是参考多方面进行评价的，比如性格、工作能力、人品等。账号权重也是如此，抖音平台也会参考多个因素（头像、名字、视频内容……）对账号进行评价。

1. 遵守平台规则，不要违规

运营抖音进行引流变现，最重要的一点就是遵守平台规则，不要违规。应事先明确什么内容能发，什么内容不能发，一定不要触碰平台红线。否则一旦被平台发现账号违规，就会对账号进行降权处理，甚至直接封号！如果你还不了解抖音平台规则，可以关注抖音官方账号"抖音安全中心"了解审核规则。

2. 提高账号视频原创度

高质量的原创内容非常受抖音用户欢迎，如果账号运营者创作能力不够，可

第 2 章
跟平台做朋友，顺应平台规则

以去模仿，但绝对不能去搬运。

模仿和搬运的区别在哪儿？

模仿就是可以参考原创视频（比如文案、标题、场景布置），但要换个人来演绎，这就不会被抖音降权。

但如果是把原创作者的视频下载下来，在自己的账号上重新发一遍就会被抖音判定为搬运，账号就会被降权或者封号。

抖音其实已经不需要大量内容做填充了，需要的是更加精细、对用户更有价值的内容。所以掌握原创能力，成为运营抖音的关键技能。

3. 领域垂直

在抖音平台上进行一段时间的作品发布之后，每一个抖音账号都会被抖音按照分类打上一个标签。而当账号被打上标签之后，抖音平台就会按照既定的标签将账号作品推荐给喜欢这一类标签作品的用户，这样一来，作品就可以在有限的流量中获得更高的价值。

所以做抖音一定要选择一个喜欢并且擅长的领域，这样才能保证高质量、高频率的内容输出。

平台也会认为该账号能持续输出、有创作能力、内容专业，会加大对视频的系统推荐力度，把视频推荐给更精准的用户人群，从而提高账号权重。抖音根据 4 个维度来评判一个账号的推荐权重，分别是垂直度、活跃度、健康度和互动度。

以垂直度为例，假设一个账号今天发布了一条美妆类的视频，视频被推荐之后有用户点赞、评论了，系统就会认为喜欢该内容的用户全都是美妆爱好者，之后就会把这个账号的内容推送给更多的美妆爱好者。但是没过几天，这个账号又发布了宠物类的视频，可能这个作品的点赞、评论量就会低很多。因为抖音平台希望可以把对的内容推送给对的人（喜欢看这一类视频的人），这样用户才会沉浸进去，才会在平台停留更长的时间，从而更喜欢这个平台。但是如果平台每次把流量推荐给这个账号，发现都没有得到好的反馈，长久之后平台就会认为把流量推送给这个账号就是在浪费流量，久而久之，就会逐渐减少流量的推送直到不再推送。

4. 提高内容质量

内容质量也是抖音审核的重要因素之一。

什么样的内容才算是高质量？

第一，视频画面清晰、稳定；第二，视频内容精彩、紧凑，不拖泥带水；第三，只要用户喜欢，就是高质量内容。

5. 坚持更新内容

不管做什么事情，坚持都是非常重要的。尤其是抖音，最好是能够做到一天一更，甚至是一天两更、三更。保持活跃度，让平台知道账号运营者一直在积极地创作，这也会提高账号的权重。

无论是哪个平台，只要账号运营者肯付出，努力的方向对了，并且坚持下去，就一定会有所收获。平台也会把账号运营者的努力看在眼里，给予相应的"奖励"，运营者成为拥有百万粉丝的"大咖"指日可待！

2.3 专业化操作之账号包装

在生活中，拥有好的形象的人总是会获得更多的机会，在抖音上同样如此。抖音的个人主页就相当于一个人的形象，而相应资料的设置、修改就是账号包装，其中包含名字、头像、个人简介、背景图片、抖音号。

2.3.1 账号包装可以带来的好处

优秀的账号包装主要可以带来以下 3 点好处。

1. 给用户留下一个好印象

在面试时，第一次见到面试者，面试官会通过对方的形象，来对面试者进行一个基本的判断。所以很多面试者通常会精心打扮自己，再去进行面试，其实就是为了给面试官留下一个好的印象。这样的例子在生活中比比皆是，在抖音平台中也是如此。用户可能会通过作品点击进入账号的主页，而一个美观、干净、整洁、大方的账号主页，通常能够给用户留下一个美好印象。

2. 展示账号定位，让用户一目了然

抖音账号的运营者可以通过账号的设置，简单直接地告诉用户这个账号的定位是什么，是做什么的，能够给用户提供什么样的价值。

3. 增加用户的关注概率

一个好的账号包装能增加用户关注账号的概率。因为用户通过作品进入账号主页时，基本上用 5 秒的时间就能够决定是否要关注该账号，所以第一印象很重要。

不同类型的账号有不同的包装方式，可以简单分为个人 IP 类账号包装方式和"种草"带货类账号包装方式。

2.3.2　个人 IP 类账号包装方式

抖音是一个可以快速打造个人 IP 的平台，而通过抖音打造个人 IP，其实就是建立人设标签的过程。如果在抖音上，账号能够有专属于自己的、独一无二的标签，这样一来，当用户想到这个标签时就能够马上想到其对应的账号。

个人 IP 类账号该如何包装才能够形成独属于账号的风格特点呢？

1. 背景图片

背景图片是账号的门面，所以这个门面一定要好好设计。

关于背景图片有这些要点：第一，背景图片一定选择高清图片，不要使用模糊的图片；第二，如果要放真人照片，最好是形象照或者符合账号 IP 定位的真人照片；第三，可以把人生座右铭放在背景图片的位置。

背景图片可放置的内容有很多，打造出与其他账号的差异点才是重点。

2. 名字

设置名字时应记住以下 3 个关键点。

第一，尽量规避重名。抖音拥有几亿用户，很可能会出现重名的现象。因此为账号起名字时要多想几个，然后在抖音搜索框内进行搜索，尽量选择重名度低的名字。

第二，名字容易记忆。名字过长，用户很难记住，因此尽量设置一个短且好记的名字。

第三，符合账号定位。这一点非常重要。因为一个好的名字可以过滤一部分非精准用户。比如，账号定位是考研教育，那么对考研没有需求的用户就不会关注你，而想要考研的人就是账号的精准用户。

起名字用一句话就够了，即你是谁，是干什么的，换成公式就是"个人名字+你的定位"。比如，账号是做美食的，名字可以叫"李小柒美食"。但是抖音上大部分做美食的账号的名字都叫"某某美食"。对于用户来说，这些账号的内容并没有什么不同，只是名字不同，不具有辨识度。

那怎么设置名字比较好呢？下面举几个例子作为参考。"小柒教你做美食"这个定位就非常具体，它主讲美食教程；"李小柒100天美食不重样""100天不重样的美食"就是一个特点，用户会好奇是否真的不重样，从而就会去关注账号；"李小柒美食攻略"专门分享各地美食，名字本身就是价值点。

因此，抖音名字不要乱设置，一定要结合账号的一些特点来设置，这样的留粉效果和转化效果会比较好。

3. 头像

对于个人IP类账号，头像最好选择高清的真人照片，半身照就可以。照片可以结合账号定位进行拍摄，专业账号要严肃，娱乐账号要有趣。要让账号头像变得与众不同，能够与同行产生差异。

个人IP类账号之所以选择真人头像，是因为现在是个人品牌时代，人人都要有自己的个人品牌。粉丝记住了IP形象，其信任感会加强，后期开直播时，粉丝会更加捧场。

4. 个人简介

在个人简介处可写的内容有很多，比如能够为用户提供的价值、联系方式、个人职务、直播时间等。

个人简介在个人主页中占的空间比较大，所以个人简介里的内容一定要简练且充实。

可以选取以下几个要点作为个人简介的内容：第一点，用一句话表达账号定位，告诉用户该账号能提供什么；第二点，个人简介要通俗易懂，要让用户能看懂在说什么；第三点，虽然是简介，但是仍要介绍完整，不要只说一半，另一半就不说了；第四点，一定要体现出与同行的差异；第五点，个人简介可以根据具体情况进行更改，但是，"一句话表达账号定位"不要轻易修改，除非有更好的。

2.3.3 "种草"带货类账号包装方式

以带货、销售产品为导向的抖音账号，可以被称为抖音"种草"带货类账号。目前，抖音"种草"带货类账号还正处于起步阶段与流量红利期。

相比于其他类型的账号，"种草"带货类账号有三大优势。

第一，变现速度快。账号运营者可以直接用视频/直播带货，只要有用户下单，就能够赚取佣金。

第二，变现路径短。用户看完视频可直接下单。

第三，操作门槛低。相比于真人出镜类账号，"种草"类账号只要把"好物"展示出来即有机会赚钱变现，不必非要真人出镜。

"种草"带货类账号究竟如何包装？

1. 背景图片

如果不知道如何设计背景图片的话，可以先找到同类型的精品账号，参考其背景图片，再设计自己的背景图片。

2. 名字

"种草"带货类账号的名字没有个人 IP 类账号那么复杂,直接告诉用户该账号是做什么的就可以了。比如"宝妈好物",用户一看名字就能够知道该账号是做母婴产品推荐的。

"种草"带货类账号常见的类目名称有"种草""开箱""好物""好货""精选"等。

3. 头像

可以直接把名字当作账号头像。比如账号名字叫"好物推荐",那么头像最好也是"好物推荐",整体看上去风格统一。

4. 个人简介

主要讲清楚账号是推荐什么产品的,或者表明账号运营者的人生态度、价值观等。

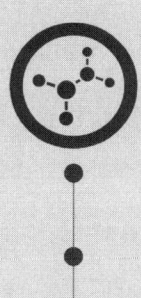

第 3 章
账号定位与热门内容生产

截至 2020 年 5 月,抖音的日活跃用户数量超过 4 亿,而每一位活跃用户都可能是内容创作者,不过用户群体的复杂性在一定程度上影响了抖音平台内容创作的多样性。

在抖音上,用户可以看到各种各样的内容,有娱乐的、有分享干货的、有搞笑的、有关于生活的、有营销的……但是这些账号的数据各不相同,有的账号粉丝量只有几千,而有的账号粉丝量却是上百万、上千万,出现这样大的差距,其根本原因在于账号的自身定位。

在抖音上,账号的自身定位越清晰,所拥有的用户群体就会越精准。同时抖音视频内容的创作应该以用户为中心,用户想看什么、需要什么才是我们创作的核心,而不是什么比较热门就跟风拍什么。

定位决定内容,内容决定吸引哪一类群体,所以定位越精准,内容就越有吸引力,流量就越大。

3.1 精准定位,助你快速"杀出重围"

一个好的定位,会帮助抖音运营者快速"涨粉"、上热门。前期的账号定位越精准、越垂直、越细分,用户就越精准,后期变现也会越发轻松。定位的方法有很多,但对于普通用户来说,有两个原则一定要牢记:第一个是优先选择自己擅长的领域,第二个是优先选择自己感兴趣的领域。接下来,给大家分享 5 种基础的定位方法,希望能够帮助运营者快速找准方向,"杀出重围"。

3.1.1 变现定位

对于普通用户来说,如果运营抖音的目的就是变现,那么不以变现为目的的账号定位可以说是错误的。因此,在给账号定位之前,运营者需要先了解抖音的主流变现方式,这里罗列了 4 类,如图 3-1 所示。

第 3 章
账号定位与热门内容生产

四大变现类型	
打赏类	直播，线下演讲，培训
电商类	直播带货，开通橱窗，淘宝分成
演艺类	进入娱乐圈演戏、唱歌
广告类	靠打造人设积累流量，接品牌广告，为线下实体店引流

图3-1

以变现去反推账号的定位是笔者在运营各类账号时首选的定位方式，如果运营一个账号却无法变现，哪怕运营得再好，对于以变现为目的的运营者来说效果也是微乎其微的。相比于头部达人和大型MCN（Multi-Channel Network，一种多频道网络的产品形态）有时间、精力，更有实力、资金作为支撑，可以不断地去尝试不同领域、不同风格、不同展示形式的内容来说，普通运营者以最终变现的方式来反推账号的定位与内容是成本较低且快捷的方法，总结起来也就4个方向，分别是卖货、卖自己、卖流量、卖服务，如图3-2所示。

图3-2

当然变现的方式要与自己的能力及拥有的资源相匹配，比如现在在看这本书的你是一位有颜值、有才艺的年轻人，就可以选择做娱乐类主播，而且后期可以往演艺道路上发展；如果你有自己的店（无论是线上或线下），可以打造属于自己的人设进行直播带货或为店铺引流……主体不同，选择变现的方式就不尽相同，简单参考意见如表3-1所示。

表3-1 不同主体的变现渠道

主体	可变现渠道
素人（指平常人、普通人）/KOL	知识付费、品牌引流、线上直播、广告植入、电商变现等
企业/机构变现	IP授权、流量引导、电商变现、代运营等
实体/微商变现	电商变现、线下引流、知识付费、线上直播等
自媒体玩家变现	广告植入、知识付费、品牌引流、线上直播等

3.1.2 标签定位

在上一章里笔者提到过，抖音会给账号打标签，进而将不同的内容推送给更多的对这类标签内容感兴趣的用户。这里我们来看一下抖音的标签定位都有哪些，具体内容如表3-2所示。

表3-2 抖音标签定位的细分领域

抖音标签定位	垂直细分领域
颜值	美女、帅哥、萌娃、美妆、美发、减肥、时尚、护肤、穿搭、街拍……
兴趣	汽车、旅行、游戏、科技、动漫、星座、美食、影视、魔术、声音……
生活	动物、体育、情感、家居……
技艺	搞笑、音乐、舞蹈、文艺、画画、程序员、外语、魔方……
体育	足球、篮球、减肥、健康、瑜伽……
游戏	绝地求生、王者荣耀、刺激战场、英雄联盟、穿越火线、第五人格、我的世界……
职场	职场、办公室、程序员、办公软件、Excel、Word、PPT、Office……
学生	小学、初中、高中、大学、语文、数学、公考、校园、教育……
小孩	早教、母婴、育儿、玩具……
探索发现	教你××、××界的××、对方是你的××、×× 粉丝团、手机用户××……
其他	明星、演员、品牌、蓝V、购物车、种草、金句、政务、探店、头条系、技术流、娱乐、养生、法律、心理、手表……

抖音的标签有很多，这里只是简单列举了一些，但是你会发现，在这些标签里总能找到一个或几个适合创作者自己的标签，也许是颜值，也许是兴趣，也许是生活……在大的标签定位之下，还会有很多的垂直细分领域，在抖音上，越细分的类目，用户的变现能力越强。所以创作者不仅要学会为自己打标签，还要学会打小标签。

3.1.3 用户定位

在抖音里有这样一种现象，用户的喜欢列表中有很多同一类型的视频，并且关注列表中有很多同类型的账号。这也说明了用户喜欢这样的内容，而这样的内容才是平台需要的内容。作为内容创作者，在设计内容时，要让用户有看完这条还想看下一条的冲动，永远对视频内容充满期待。

当然想要做到这一点，运营者要清楚自己的用户画像到底是什么。

这里笔者把用户画像分为了 5 个方面，分别是目标群体、基本情况、用户类型、用户需求、用户特点。

1. 目标群体

先来看目标群体，首先要确定面向的人群是哪一类：是男性还是女性，是小孩还是老人？

内容创作者如果有自己的产品，可以根据产品的定位来确定目标群体。如产品是跟零食相关的，目标群体就是小孩和年轻的女孩；如果产品是跟护肤美妆相关的，目标群体就是 20～50 岁的女性……

2. 基本情况

接着看用户的基本情况，包含喜好、年龄、性格、城市、学历等，用户所处的年龄层与喜好很大程度上决定了视频的内容，用户所处的城市在一定程度上间接决定了用户的购买力。

3. 用户类型

这里笔者将抖音平台上的用户分成了 3 类：一类是粉丝，对于创作者的内容认可度高；一类是体验者，重视作品的形式与内容，追求新奇事物；最后一类是需求者，对某一或某几种事物有一定的需求。根据这3种用户类型创作者可以定位视频内容到底是给哪一类人群看的。

4. 用户需求

马斯洛需要层次论将人的基本需要划分为5个层次，分别是生存需要、安全需要、情感需要、自尊需要和自我实现需要。在短视频内容创作这一领域，生存需要对应的是颜值类，颜值高的年轻人群是视频内容的核心；安全需要对应的是情绪类，能够引起情感共鸣的文案、内容等是视频内容的核心；情感需要对应的是专家类，在某一领域做得优秀的创作者是视频内容的核心，例如健身专家、减肥专家、自律专家等；自尊需要对应的是励志正能量类，"励志内容+名人效应"是这类视频内容的核心；自我实现需要对应的是虚拟的IP类，比如抖音上一些很火的原创卡通类视频，每一个角色就是一个虚拟的IP。

5. 用户特点

15秒的"视频内容+去中心化"的推荐，让抖音上的用户有种害怕错过好东西的心理，所以只要在15秒内抓住了用户，用户就会为这条视频点赞，以防自己后期刷不到这个账号。同样，抖音是一个公域流量，抖音上的用户相对于私域流量的用户来说缺乏忠诚度。并且这类用户具备更强的好奇心、喜欢简单美好的事物，所以没有持续的新奇或者美好的内容产出，这些用户就会渐渐离创作者远去。因此只有以用户为中心展开账号定位进行内容制作，创作者才能牢牢地抓住这些用户的心。

3.1.4 人设定位

简单来说，人设就是人物设定。

1. 人设的作用

作为消费者，在日常生活中，我们经常会因为信任某个人（如家人、朋友、同事等）而听从对方的购买意见，这种情况在短视频领域同样会出现，因为喜欢某个短视频创作者的人设进而去购买他的产品或他推荐的产品。一个好的人设，能够让创作者在众多同类 IP 中脱颖而出，吸引用户的注意，使其更具辨识度和标志性。如果创作者可以通过独特的人设标签迅速给用户留下深刻的印象，将非常有助于自己运营账号。

当然也存在着很多人设"崩塌"的例子，比如某人昨天还是一副成熟稳重、睿智理性的形象，今天就一副孩子气。所以在打造人设之前，创作者必须要清楚两件事情：第一，你是一个怎样的人；第二，你想成为一个怎样的人。

为什么要清楚"你是一个怎样的人"，因为人设是需要和自身真实人格相近的，应该是从自身挖掘出来的，而不是凭空想象捏造出来的。一切要从真实出发、从自我出发，不要明明不是这样的人，非要在镜头下装出另一副面孔。因为粉丝有时候会比创作者更了解他自己，如果创作者在某次直播或者某期视频内容中使用了跟人设相冲突的话语，可能就会引起"脱粉"，严重的还会被粉丝"回踩"，所以真诚、真实很重要。

而之所以要清楚"你想成为一个怎样的人"，是因为想成为一个怎样的人代表着一种美好的向往，属于抖音平台喜欢、抖音用户喜欢的内容，也是创作者要去打造的人设。

2. 如何打造人设

通过这 9 个方面打造人设可以让人设更加立体、鲜明：人物的职业、外表、性格、优势、核心定位、价值、用户画像、口头禅、标签。

如果简单列个公式，可以写成"人设定位 = 性格 + 外在形象特点 + 固定人物分类 + 固定语言或视觉 + 兴趣或特长 + 职业"。

性格包含很多种，可爱、温柔、知性、严肃……每个人都有自己的性格标签和情绪，根据自己的实际情况选择往一方面靠拢就可以。

外在的形象特点主要体现在服装和配饰上，不同人设有不同的穿衣风格，如职业风、居家风、运动风……配饰主要是帽子、眼镜、项链、耳环、戒指……

固定人物分类，简单来说就是在视频中固定的出镜人员，可以是单人，也可以是双人，甚至是多人，但总体来说多人出镜比单人出镜更易受到用户的喜欢。

固定的语言或视觉，一句"所以，加油喽"让很多学员记住了笔者团队所孵化的"创业毒舌阿越"这个人设，所以固定的语言是会加深用户对短视频创作者的印象的。除了这种具有特色的语言，固定的开场词、结束语，固定的方言，固定的声音都可以作为固定的语言展现在视频内容中。而固定的视觉形象，可以是短视频创作者的真人头像、卡通头像……

每个人都有自己感兴趣的领域，有自己感兴趣的事情，比如健身、做饭、旅游、化妆、美食……在视频内容中镶嵌自己擅长的内容，就是在打造独属于短视频创作者自己的人设，很容易与其他的短视频创作者区分开来，用户还能够有所收获。

每个人在生活中、工作中都扮演着不同的角色，有妈妈、护士、老师、保安、总裁、秘书、程序员……许多人会羡慕别人的生活、别人的职业，所以短视频创作者本身的工作就是用户好奇且想要看的点之一。

把上面的内容有机地组合起来，就能够形成一个独特的人设。

如果觉得上面的方法太麻烦，那就问自己3个问题："你是谁""你即将要去做什么""你有什么优点能获得用户的喜爱"。

"你是谁"对应着你的名字，给自己起一个好听、好记的名字，比如小柒、夭夭这一类，亲和好记；"你即将要去做什么"对应着你想要做的事情、想要展现给用户看的内容；"你有什么优点能获得用户的喜爱"对应着才艺、三观、性格、说话方式。

同时要去思考人设与用户之间的关系是怎样的，是专家型、陪伴型、偶像型、榜样型，还是互助型？

总而言之，就是要挖掘自己身上既能够吸引用户眼球又具有辨识度的点。

人设一旦确定好之后，就不要轻易地进行改动，尽量做到一以贯之，坚持到底，只有长久地坚持，才能够逐渐在用户心中形成一个稳定而清晰的形象，才会得到用户的广泛信任。

3.1.5 场景定位

场景定位代表着要在用户头脑中建立独特的联想，用户一想到某种场景，就能够想到某位短视频创作者，所以场景是魂，是吸引用户眼球、决定用户购买意愿的重要因素之一。

一排排口红展示柜，能够瞬间让人想到李佳琦，这就是场景定位的魅力。

一个好的场景除了可以增加视频的真实感，增加用户的信任度，在一定程度上还可以消除创作者与用户之间的距离感。

当场景一旦明确之后，不要轻易地进行改变，场景的表象可以多种多样，但场景的内核和意义不能变。

在抖音上，有很多不同风格、不同类型的场景，这里给大家列举3类场景：普通场景、特殊场景、稀少场景。

普通场景：办公室、家里、医院、电影院、商场、超市、公园……

特殊场景：山村、海边、养殖场、农场……

稀少场景：飞机驾驶舱、法庭、派出所……

在抖音上，我们经常会看到一些普及法律常识的政务号，选择的视频场景是法庭，一个幽默正直的法官人设、一段生动有趣的剧情和一个庄严肃穆的场景，既增加了视频的真实感，也在一定程度上拉近了创作者与用户之间的距离。

即使是同样的人、同样的内容，选择的场景不同，吸引到的用户群体也可能会不同。假设创作者是销售服装的，选择服装工厂作为场景与选择高端店铺作为场景，所吸引到的用户是截然不同的，以工厂为场景的账号吸引到的大多是追求低价的用户，而以高端的店铺为场景的账号吸引到的大多是追求品质的用户。

此外,场景要与人设相吻合,场景和人设应该是相辅相成的,所以创作者要在人设确定好之后,再来搭建视频内容所需要的场景。

3.2 吸睛标题,创作标题的五大核心模板

如果说一个精彩的抖音短视频,内容是核心,那标题一定是门面!一个好的标题是吸引用户眼球、提高完播率的重要因素。

短视频的标题有两个作用,第一个是给用户看,第二个是给平台看。

短视频的标题,主要目的是吸引用户的注意,进而促使用户产生完播、点赞、评论、转发等行为。一个好的标题不仅能够吸引用户的注意,还可以引发用户的思考,调动用户的情绪(伤感、快乐、兴奋、激动……),使用户愿意与视频产生互动,进而进行评论、点赞、转发等。

一个垂直的标题(标题中含有与自身定位相关的词汇),会被系统认定为一个垂直领域的内容,进而把视频内容推荐给相应领域的用户群体。例如在标题中加入"减肥""自律"等关键词,系统就会把视频推送给对这些内容感兴趣的用户,使得吸引过来的用户更加精准。

这里给大家介绍5种吸睛标题的参考模板,可以直接套用。

3.2.1 直说式标题

直说式标题就是用简单的话描述事件的主要内容,直击核心,不玩文字游戏,不用隐喻、双关等手法,简单明了,让用户看到文字就知道创作者想表达什么,能够更好地理解文案所包含的意思。

直说式标题也可以称为消息式标题,是最为简单的一种标题类型。这类标题一般采用陈述句,以此勾起用户的兴趣,激发用户想要继续探寻内容的欲望,使用户在看完内容后思考其中包含的价值。

第 3 章
账号定位与热门内容生产

"一方有难，八方支援，作为一个普通的女孩，献出自己的一点绵薄之力"，这个标题简单明了地概括了视频的主要内容——新冠肺炎疫情期间，女孩买口罩捐赠给需要口罩的人。虽然视频没有引导用户去评论、点赞，但是当用户看到这样的标题和视频内容时会自觉为这个女孩留言、点赞。标题有人物、有事件、有升华，就是优秀的直说式标题。

再比如"今天天气很好"，虽然这也是一个直说式标题，但用户很难被这个标题吸引、为这条视频点赞。但"职场中控制情绪只需做到这几点"这样的标题，让用户一看就知道这是一条关于职场中控制情绪的视频，对于职场新人来说，就是很有用的干货，会吸引这类用户完播、点赞、评论。

所以这一类标题中，出现对用户来说有用的兴趣点显得尤为重要。创作者参照"好处+怎么得到好处"的公式来创作标题，在一目了然的同时还给了用户清晰的指令，能够瞬间吸引对这方面内容感兴趣的用户的注意。

3.2.2 悬念式标题

经常看电视、看电影的人会发现很多影视作品通常会有一个悬念式的结尾，像漫威系列的电影，结束时总会有些悬念式的彩蛋，让观影者对后续的剧情产生极大的好奇心，希望能够看到后续是如何发展的，所以会持续关注，这就是悬念的作用。悬念式标题用一个点或是省略的方式（标题只说一半，剩下的关键部分在视频中展示）勾起用户的好奇心，让用户产生想要知道后续或者结局的欲望，从而期待在视频中找到答案。而用户一旦有这种心理，一般都会把视频看完甚至是多看几遍。如果看完这条视频之后，用户发现自己之前是不知道这些信息的，感觉从中学到了什么，增长了知识，就会获得满足感与成就感；而用户如果发现自己之前就已经知道这些信息了，可能就会觉得自己很有知识，能够很好地满足用户的"虚荣心"。

文案 1："怀孕吃了 500 斤葡萄，结果竟是……"

大部分孕妇会比较焦虑，担心某些行为会影响肚子里宝宝的健康，而这条视频中怀孕这一关键词就能够吸引孕妇或者正在备孕的女性，这类群体对于有关孩子的事情的关注程度比其他人更高，所以会迫切地想要知道吃了葡萄之后的结果，这就有助于视频完播。

文案2："减龄韩版女装竟然是这么生产出来的？"

韩版衣服经常会受到少男少女们的追捧，因为它在某种程度上代表着潮流、炫酷，而标题"减龄韩版女装竟然是这么生产出来的？"就会吸引这类用户群体把视频看完，看看平时穿的衣服到底是怎么生产的，有什么特殊之处。

3.2.3 提问式标题

提问式标题能够引导用户思考，甚至是使用户在心里默默地回答问题，但是如果用户在思考之后没有想清楚是怎么回事儿，不知道如何去做，就会很自然地点开视频寻找答案。

例如，"这样的婚姻到底要不要继续？你们的结婚纪念日咋过？"

这个标题采用了两个问题连问的方式。第一个问题只是引导用户去思考，用户会在心里思考什么样的婚姻不能继续，但不一定会评论。但第二个问题就会让用户有在评论区留言的想法，即使不留言，也会想翻看评论区的评论。留言或者翻看评论的过程，无形中又提高了视频的完播率。

一般来说，将提问式标题与悬念式标题组合使用，也就是使用疑问句式，效果更佳。

通常这一类的标题中包含了很多的疑问词，如究竟、简直、何必、居然、难怪、反倒、岂敢、怎么、为什么、怎么样、能不能、你知道吗、你用过吗、适合你吗……

公式是"问句+好处"或"好处+问句"。

文案1："如何穿衣显瘦？""什么样的女人最容易成功？""2小时读完一本

书的秘籍竟然是……"

文案2："6个技巧让你穿衣显瘦，你会吗？""穿衣显瘦的技巧，你会几种？""3个月薪水翻了3倍，我是怎样做到的？"

除此之外，在提问过后，给一个不透露具体信息的答案，会让用户感觉出乎意料，忍不住看完视频。如"怎样才能穿衣显瘦？答案只有1个""夏天怎么穿重要吗？太重要了"，这些答案既笼统，又可能与用户在心底默念的答案不一致，这样用户就更想知道为什么、是什么，进而提高视频的完播率以及点进直播间的概率。

3.2.4 命令式标题

命令式标题从字面意思来理解，就是给用户下达一个命令，让用户完成这个命令。因此它的表现形式一般为冲突形式，这一类的冲突又跟用户日常的思维、行为习惯有偏差，甚至是完全对立的。命令式标题一般会采用命令的口吻，给用户制造一种紧张感，迫使用户看完内容。

如"千万别划走，这条显瘦小裙子你值得拥有"，这个标题给用户下达了两个命令，第一个是千万别划走，第二个是你值得拥有（等于买它）。用户在看视频时，遇到不喜欢的内容会直接划走，但突然划到一条视频，让用户千万别划走，这就会引起用户注意；接下来再说目的——"这条显瘦小裙子你值得拥有"，大部分女性都希望自己有比较好的身材，这时一款显瘦的小裙子很可能瞬间俘获很多女性的心，进而让用户产生下单购买的欲望。尤其是在标题中加入了"你值得拥有"，一个"你"字，瞬间就能够让用户产生代入感，如"你可以试试""你一定要看到最后""你一定要分享给×××"。

"一定要看到最后，第四套裙子男朋友都说好"，这个标题语气坚定并配有动词，直接告诉用户怎么做，特别适合吸引处于迷茫阶段、不知道如何穿搭的女性的注意。

因此,"一定要"系列、"千万不要买"系列是这类标题的常见形式。同时需要注意这类标题一定是合理的、有事实依据的,尤其是跟时事、常理相关的,不要胡乱编排,不然就会变成谣言,被平台判定为违规,得不偿失。

3.2.5 数字式标题

一般来说,用户停留在标题上的时间不会超过 3 秒,而想要让用户在短时间内看明白标题的含义,就需要标题简洁明了,而数字式标题正好符合这种要求。并且准确的数字可以让模糊的信息变得量化,增强视频的看点,用户可能会更加迫切地想要知道数字对应的到底是哪些信息。

如抖音上卖衣服的账号经常使用"第三套衣服太美了""第四套衣服太有气质了",用户看到这些标题时,就会特别想了解这些数字背后到底指代着什么,提高了用户观看完视频的概率。

数字式标题有两种表现形式:第一种直接在标题里体现出卖点和用户能获得的好处;第二种利用数字的反差,给用户制造紧迫感。

第一种表现形式在标题中给用户提供较为明确、具体的价值或好处,尤其是针对那些有着实际需求的目标用户,不要把"卖点"藏起来,而要直接展示出用户想要的结果。如"99% 的女生都不知道的十大穿搭技巧,让你瞬间有瘦 5 斤的效果",这个标题就是用了具体的数字来明确和体现价值,很容易激起目标用户的好奇心,吸引用户观看完视频。而"夏季沙滩裙限量抢购,一件能省 40%,直播间见"比起其他标题,更加别出心裁,它不说打折优惠,而是直接说能够帮助用户省下多少钱,切切实实戳中了用户的省钱心理。

第二种表现形式为利用数字的对比制造反差,在创业类视频中比较常见。"月薪 2000 元与月薪 20000 元销售的区别""年入 10 万元与年入 1000 万元人的思维差异"就是此类的代表。

除了这五大标题模板之外,在设置标题时还应该注意一些其他事项。

1. 避免使用生僻词、冷门词

这样的词语不利于机器识别，而且能看懂的人很少。生僻词、冷门词虽然能够吸引用户注意，引起用户好奇，但很多用户刷抖音是为了娱乐，遇到这类词汇，懂的人可能会点赞、评论，但不懂的人大部分会选择划走。这就是为什么在刷抖音时经常能看到有的视频的标题很有文学素养，但是点赞和评论数很少。

2. 避免使用缩略词

现在网络上很流行缩略词，比如"xswl"（笑死我了）、"nsdd"（你说得对）、"gkd"（搞快点），像这些缩略词只有一些比较新潮的人才能看懂，对于绝大多数用户来说，理解起来有一定的难度，平台就会减少对这类视频的推荐。

3. 标题字数不要过多

图 3-3 所示的视频标题分为两个部分：一部分是视频上方的标题，另一部分是视频下方的标题。视频上方的标题最好在 20 个字以内，最多分两行展现，这样视觉效果更好，用户看起来更舒服；视频下方的标题最多不能超过 55 个字，可以根据视频内容确定标题字数，以一行到两行半进行展现比较适宜。

4. 加热门话题、@抖音小助手

在抖音发布视频时可以添加话题，如图 3-4 所示。创作者可以关注当天发生的热点事件是否和自身账号定位相吻合，如果吻合，可以在标题中添加这个话题，传播范围会更广。而@抖音小助手，在幸运的情况下，会得到官方流量扶持，很有可能会被推荐进入最大的流量池。

图3-3

图3-4

5. 多用口语化表达

如果标题字数太多,用户不能在3秒内看完,很快就会划过去了。同样,如果标题太难懂,用户也不会有耐心看完。所以在设置标题时尽量避免使用过于书面和官方的表达。

知识的价值在于应用,而更高级的知识应用在于可迁移。虽然这里列举了5种抖音标题的创作模板和技巧,但是方法绝不是固定不变的。创作者要在运用中根据实际情况来不断调整优化,才能逐渐提高自身创作标题的能力。这里建议各位创作者建立一个标题库的文档,在平常刷抖音的时候,遇到比较好的标题就尽快保存下来,录入自己的备选标题库中,这样自己在下一次发作品时就可以借鉴、应用。

3.3 犀利脚本,创作热门视频脚本的七大技巧

一部经典电影、电视剧的诞生,一定少不了优秀编剧写出的精彩剧本。拍摄

第 3 章
账号定位与热门内容生产

抖音视频也是如此,一段精彩的视频,一定少不了优秀的脚本。

对于抖音运营者来说,能够创作出一篇完整的、精彩的视频脚本是必备技能,如果没有脚本,那后续的视频拍摄将无法进行。

什么是视频脚本?

简单来说,视频脚本就是所要拍摄视频内容的大纲,在视频脚本中,创作者会确定作品方向和拍摄细节(包含镜头、时长、道具等)。所有参与视频拍摄的工作人员(导演、演员、道具师、剪辑人员等)都要严格按照脚本内容执行工作。如果没有脚本作为拍摄的依据,那么在拍摄时可能会出现各种各样的问题,降低拍摄效率。

例如:以前经常有学员视频拍到一半才发现场景不合适,再花时间去找场景;演员不知道如何在镜头前展现,表情、动作不到位;剪辑人员不知道导演想要哪种特效、呈现哪种镜头效果;等等。因此,想要拍出好的作品,一定要提前写好脚本。在短视频中最常用的脚本是分镜头脚本,如表 3-3 所示,这个模板是最常见也是最简单的脚本模板之一。

表 3-3 短视频脚本模板

镜号	场景	画面内容	景别	镜头运动	时长	机位	道具	文案	音效	备注

通常一个短视频脚本会包含场景、画面内容、景别、镜头运动、时长、机位、道具、文案、音效等信息。无论是拍摄人员还是演员在看到这样的脚本的瞬间,脑海里能形成完整的视频成像时,拍摄起来会更加轻松。

对于刚接触抖音的创作者来说,短视频脚本的创作难度会更大一点。想要在短时间内完整地呈现出情节发展或产品特性,就需要在每一个镜头上都花费时间去琢磨,每一个镜头都不能浪费。这一节将根据短视频脚本的创作需求,给各位创作者一些参考建议。

3.3.1 脚本中的生活视角是否有新意

在时间碎片化和快节奏生活的今天,许多用户因为生活或工作的压力变得十分焦虑。而正是由于用户焦虑的心理,用户的行为习惯也随之改变,比如,很多用户更偏爱短、频、快的东西,这也是抖音可以拥有上亿数量的日活跃用户的原因。短短15秒的视频内容,前3秒如果吸引不了用户停留观看,那用户会立马划走看另一条视频,因此在抖音上有这样一句话:"3秒定生死,7秒必转折。"当然随着视频时间的拉长,"黄金3秒"也会随之拉长,如1分钟的视频,黄金时段应该在前15～20秒。

按照"黄金3秒"的原则,创作者必须要在视频的第3～7秒吸引用户停留观看,后面的短视频内容就要与前面的形成强烈的反差,那该如何制造反差呢?

要牢记这样一个公式,即"3秒吸引注意力+7秒反差+5秒涨粉"。能够在前3秒的时间吸引用户的注意力,需要脚本中的生活视角有足够的新意;7秒的反差需要利用剧情中的反转来吸引用户继续观看;最后的5秒主要用来引导用户点赞和关注。这个公式适用于大部分的短视频脚本创作,创作者可以根据每个视频的时长进行相应的调整。如果创作者追求视频的完播率,可以压缩视频的时长,将每条视频的时长尽量控制在7～15秒。

这里简单说一下在前3秒创造新意、制造高潮的3个小技巧。

1. 唯一观点

简单来说,就是账号的内容要垂直,短短的15秒只讲一件事,只突出一个重点。不能前5秒讲蔬菜的事,中间5秒讲水果的事,后5秒讲手机的事;也不能

第3章
账号定位与热门内容生产

今天卖衣服，明天卖眼镜，后天卖日用品。在抖音的生态里，一个视频最好只讲一个观点，只有内容越垂直，抖音平台推送的流量才会越精准；只有沉淀更多的精准用户，后续的变现才会更轻松。不要陷入一个误区，盲目追求粉丝数量，而忽视了粉丝质量。相较于几十万、上百万粉丝的娱乐号，几万、十几万粉丝的电商号，变现能力丝毫不差。

2. 视觉冲击感

人是视觉动物，喜欢美好的事物，如旅游时看到美好的风景会情不自禁地拍照呐喊。这个道理放到短视频画面中同样适用，要给用户一个视觉上的冲击，这个冲击有可能是演员（被拍摄的人），也有可能是某个场景。抖音平台最早成名的一批达人是颜值高的年轻群体、可爱的宠物，因为这些形象一上来就给用户一个视觉冲击。当然除了长相这一先天优势外，还可以从装扮、角色、场景等方面给用户带来视觉冲击。如穿汉服、洛丽塔服装、旗袍等都是从装扮上给用户带来视觉冲击；一人分饰两角、一人分饰多角是从角色上给用户带来视觉冲击；呈现海边、森林等景象则是从场景上给用户带来视觉冲击。

除了这些常规操作以外，创作者还可以利用抖音自带的一些特效来制造视觉冲击。如"追踪你的脸""咆哮妹""一秒变美"等，在应用时用户能看到使用特效前后的差异，而这种差异使视频易于传播，用户也乐于点赞、评论并拍同款视频。

3. 音效

抖音最初是一个以音乐为主的短视频平台，所以音乐、音效的使用很关键。视频有没有背景音乐（BGM），用户的感觉是不一样的，有BGM会很容易把用户带入视频情境中去，引导用户看完视频甚至是一遍又一遍地观看视频，为视频增加权重；而没有BGM的视频就相当于厨师炒菜不放盐，缺了那么点儿味道。

除了BGM，配音也很重要。很多创作者在选用配音时不用心，因此效果不是很好，这里分享3种在抖音上深受用户喜欢的声音：第一种是好听、有治愈效果的声音；第二种是有特色的或者带地域性口音的声音；第三种是视觉感官反差较大的声音。

好听治愈的声音会抚平用户的焦躁情绪，给用户带来好的心情，如甜美可爱的声音、迷人性感的声音、浑厚大气的声音等。

带有特色或地方口音的声音，会给用户一种亲切感，能够瞬间拉近用户与视频中的人的距离，如东北话、四川话、西安话等。在抖音有一个账号凭借人物的东北口音加上可爱的性格在短时间内吸引了上百万粉丝的关注。

视觉感官反差大的声音，容易给用户一种冲击感，如一个身材相对魁梧的人搭配的却是可爱的声音，一个成熟稳重的大叔搭配的是奶萌的声音。这样的视频内容会促使用户停留观看，用得好的话还能够引起用户的共鸣并且让用户有兴趣评论。

除了声音能给用户带来冲击外，音效也有类似作用。无论是制造恐怖氛围的音效还是大笑的音效，都可以烘托视频的氛围，引导用户的情绪，创作者可以在网上搜索免费的这类音效下载使用。如果想要运用得当，创作者平时需要多关注自己同领域的优秀同行们，不断地拆解那些拍得好、音效用得好的视频，学习优秀创作者是如何选择和使用这些BGM的。

3.3.2 内容中是否有一个好故事

什么是故事？

情感决定动机，动机决定行为，行为造就故事。

什么是好的故事？

大部分好故事都有着用户意料之外的情节、情理之中的动机以及能够让人产生共鸣的情感。

一个好的故事往往能够给用户强烈的代入感，戳中用户痛点，具有一定的内涵和深度，可引起用户思考，让用户产生共鸣。

如何写好一个故事，这里不得不说的是"隐形磁河"这个概念。"隐形"对应的是隐藏在故事中的核心以及用户内心深处的需求；"磁"对应的是贯穿整个故事核心的吸力，是引起用户情感共鸣的元素；"河"对应的是像河流一样蜿蜒曲折、持续向前的故事结构。

视频内容中的故事，不仅仅要有曲折的情节，更要有一个核心主题。这个主题能够折射出用户内心深处的需求，能够反映用户内心深处的恐惧与渴望，而这些往往又是大部分人会有的感受。

像一个抖音账号要有一个垂直定位一样，一个视频的内容对应一个故事核心，其他的任何要素（场景、音乐、人物等）都要紧紧围绕这个核心展开。

如何写好一个故事？

1. 紧凑的故事情节

大部分用户在刷抖音时处于一个相对放松的状态，他们刷抖音主要目的是休闲娱乐，在这样的情境之下，用户很难有兴趣去观看一条晦涩难懂、专业度极高的视频，所以在写故事脚本时，要做到内容张弛有度、幽默风趣。当我们写完一个故事脚本后，一定要检查故事中的每个句子、每个句子所对应的呈现画面，将不必要的内容和画面删除，确保情节不重复、不冗余，同时补充之前被忽略掉的细节。

2. 动态场景

场景可以烘托气氛，预示故事的走向，但静态的场景容易给用户营造一种死气沉沉的氛围，让用户感到枯燥乏味，进而快速划走视频。而动态的场景可以从视觉、听觉、嗅觉、味觉、触觉等不同的角度把用户带入故事之中，让用户有种身临其境的感觉。

3. 真实、立体的人物

视频中呈现出来的人，是让用户相信故事真实性的重要因素之一。演员要能够还原真实人物的活动，无论是行为、动作还是微表情，都要结合特定的场景做到位，而这需要创作者在写故事时通过列清单的方法将这个人物在特定场合下有可能在做的事情罗列出来，然后根据故事进行筛选，选出那些最能展现故事核心的动作行为。

但刚接触抖音的创作者在写故事时经常会卡壳、写不下去，这时又该怎么办呢？

笔者坚信一个道理，一个效果不佳的开始始终强过不开始的空想。在多次跟学员交流的时候，笔者发现很多学员都是想得太多，却不尝试去做，这是一个很致命的问题。只有尝试去做、去写、去拍，思路才会逐渐清晰，在做的过程中，有些事情才会变得越来越顺；不要怕写得不好，不要怕别人笑话，如果总活在别人的眼光中，永远不可能成功。在不知道如何写开头时，完全可以从中间或者后面开始写，写完之后，再花时间来精心打磨开头，也许就会有种恍然大悟的感觉。一个好故事的开头，一定是能吸引用户注意、勾起用户好奇的，因此开头不需要花哨，不能生搬硬套、啰唆，可以讲有趣的故事，留下悬念，引导用户思考。

写故事的方法有很多，有按照时间顺序写的（从开头说起）、有按照画中画写的（故事中的故事），还有拦腰法（故事中间精彩的位置）、分割法（独立又完整的分割）、穿插法（多条线同时进行）、倒叙法（故事开篇就是结尾）、书信体（以书信的形式展开）等，感兴趣的创作者可以私下多看一些这方面的书籍，提高自己写故事的能力。

由于抖音这个平台有着特殊的算法机制，为了提高视频的完播率，对于15秒的视频，故事字数应控制在200个字之内；对于45秒的视频，字数应控制在315个字之内；对于1分钟的视频，字数应控制在415个字之内。在创作故事脚本时一定不要长篇大论，抖音始终是一个短视频平台，而不是长视频平台。

笔者在研究了上万条热门短视频之后，发现大部分高点赞、高评论、高转发的视频都满足了九大人性满足点，如表3-4所示。

表 3-4　九大人性满足点

编号	满足点	说明
1	信息	有用的咨询、有用的知识、有用的技巧
2	观点	观点评论、人生哲理、科学真知
3	共鸣	价值共鸣、观念共鸣、经历共鸣、审美共鸣、身份共鸣
4	冲突	角色身份冲突、常识认知冲突、剧情反转冲突、价值观念冲突
5	利益	个人利益、群体利益、地域利益、国家利益
6	欲望	收藏欲、分享欲、食欲、爱欲
7	好奇	为什么、是什么、怎么做
8	幻想	爱情幻想、生活憧憬、别人家的、移情效应
9	感官	听觉刺激、视觉刺激

为什么要列这九大人性满足点呢？目的只有一个，就是当创作者在写完视频的故事脚本之后，要检查一下脚本中是否至少满足了其中一点。如果没有的话，那该条视频获得高播放、高点赞、高评论的可能性就会非常小；如果能够同时满足几点，那视频获得高播放、高点赞、高评论的可能性就会非常大。

这里给各位创作者提供一些不同类型视频的故事脚本的创作公式。

（1）账号类型：搞笑视频

创作公式＝熟悉的场景＋贴近生活的笑话＋意外转折

在用户熟悉的场景中发生熟悉的故事，故事中带有反转，会给用户意想不到的惊喜，使其更愿意将视频看完。

（2）账号类型：鸡汤、励志

创作公式＝故事情景＋金句亮点＋总结

在讲述鸡汤类故事时，句子最好能够具有鼓动性，并且画面具有感染力。

（3）账号类型：教学

创作公式＝提出问题＋解决方案＋衍生问题

开头抛出问题，中间提出解决方案、输出干货型的内容，最后得出结论。

但很多教学类视频在开头铺垫或在得出结论时，花费时间过长，就会导致用户很快划走。所以，想要留住用户，中间的干货型内容一定要实用且详细。

（4）账号类型："种草"合集

创作公式 1= 产品 + 亮点 1+ 亮点 2+ 亮点 3

创作公式 2= 使用场景 + 产品 1+ 产品 2+ 产品 3

用脚本公式去创作内容会使视频结构一目了然，同时让整个故事的脉络更加清晰。

好的故事脚本一定是有意义（能够触碰用户的某种情感）、有价值（价值反差与转变，如正义与邪恶、黑暗与光明）、有细节（场景、道具、人物微表情、小动作等）、有人物、有体验的，创作者在写完故事脚本后，一定要反过头来自查，以免陷入"自嗨式"的创作误区中。

3.3.3　情节是否曲折吸引人

经常追剧、看电影的用户可能深有体会，曲折的故事情节更能够吸引观众，从而能够打动观众的心，而平铺直叙没有任何起伏变化的剧情很难让观众喜欢，短视频也是如此。因此，我们要在视频内容中也增添曲折的故事情节。那作为创作者如何让原本平淡的故事变得曲折呢？

1. 悬念法（设疑释疑）

悬念也称为扣子或关子，一般运用在视频的开头或者中间，就视频内容或人物的反常情况设置疑团，目的是吸引用户的注意力，使用户不自觉地进入视频所创设的情境中。

在内容上的展现形式就是陡然间起波澜，比如立刻导出故事原因，推出连锁反应，但在形式上是为引出下面的内容埋伏笔、做铺垫。

比较常用的两种表现形式是突发危机与制造紧张感。突发危机很好理解，即突然间发生的危机，这种手法会大大地吸引用户的关注，用户会好奇危机是如何发生的，从而促使用户被剧情所吸引，进而沉浸其中。制造紧张感，就是通过设置时间因素、场景因素、音乐因素制造强烈的冲突，让紧张的感觉一个接着一个，牢牢地抓住用户的心，使用户处于紧张之中。故事到了最后再慢慢给出答案，或者等到视频结尾时再给出一个真正的答案，而用户为了获取答案，只能耐心观看完视频。

创作这类脚本时也有一个公式可以做参考，即"人物特殊境遇＋原因追索＋深入了解＋真相大白"。

2. 误会（曲解巧合）

① 巧合法。巧，要巧得出人意料；合，要合得在情理之中；也就是既要让用户感到吃惊，又要让用户觉得本该如此。

② 误会法。利用故事人物之间的误会或特意设置一个误导用户的点，推进故事情节发展，最后解除误会。前期视频创作时可设置单个误会，在熟练运用误会法后可设置多重误会。

这一类脚本就是要制造矛盾，有意地制造各种各样的矛盾，从而让剧情充满悬念，更加跌宕起伏，让用户的注意力被一次次吸引。但要注意故事在整体上应是励志的、正义的，从开始到结束应有一个美好的结局或者一个成功的结果，这样比较符合主流价值观及平台调性，给用户一种坏人得到惩处、误会解开的愉悦与快乐之感。

这里同样也有一个公式可作为参考，即"错误判断＋一错再错＋误会重重＋真相大白＋迷途知返"。

除了这些方法以外，还可以运用抑扬法（对比突转）、障碍法（诸事不顺）来为情节增加曲折性。如很多警匪片会先突出一个坏人，慢慢再展露他原来是警方的卧底；很多偶像片会为了突出男女主在一起的困难过程而设置刁钻婆婆、恶毒女配，就是为了增加情节的曲折性，将观众带入剧情中。

但作为创作者，在写曲折事件时，要注意写实和虚构的差别，对真人真事有所选择，要使虚构的内容符合情境，可以利用事件本身的复杂性。如抖音上有一类关于侦探剧情的视频很火，一位姑娘在大街上遇到人贩子尾随或纠缠，路边的人及时给予帮助，邀请姑娘上车赶紧离开，姑娘上车之后，又一辆车堵在了这辆车前，揭穿了路人的真实面目，原来他是人贩子的同伙，就是为了获取姑娘的信任，一旦姑娘上车就会落入人贩子之手，从而提醒女孩子出门在外一定要注意人身安全。这类事件是真实发生过的，并且事件本身就具备很强的复杂性，既惊险又刺激。在抖音上这类内容深受用户喜欢，因为它既能给用户带来紧张感，让用户的心情随着剧情的变化而变化，同时还带有一定的教育意义。

3.3.4 内容是否拥有悬念

大部分悬念会选择设置在视频的开头，因为抖音有"黄金3秒"，创作者需要在短时间内引起用户注意，抓住用户眼球。创作者可以在视频的开头给内容打一个"结"，这个"结"就是整个视频中的主要矛盾点，需要时间来慢慢展开，当内容达到高潮或主要矛盾最激烈的时候，才"解"开这个"结"。

能够让用户对视频画面、事件发展、人物命运产生关切与期待的内容就是悬念，这个道理大部分的创作者都了解，而在设置悬念时，尽管绞尽脑汁却依然事倍功半，怎么办呢？

首先创作者要清楚一个完整的事件包含了人物、起因、经过、结果，所有要素缺一不可，而悬念的制造就是从后3点（起因、经过、结果）出发的，因为这3个要素无论缺少哪一个，都会勾起用户的好奇心。具体的使用方法是某件事情只讲一个或者两个因素，剩下的因素要么放到下一条视频中揭晓，要么就留给用户遐想的空间。

1. 隐藏原因

先说结果。在抖音上，有很多剧情类的视频，第一个镜头会呈现人物被打耳光、跌落在泥水里等情形，但文案又没说明为什么会被打、为什么会跌落在泥水里，从而引起用户的思考，使其想要迫切地看完视频找到原因。

先说过程。"一个大夏天，烈日炎炎，一个身穿布偶服的姑娘，在路边忙着发传单,却被路人推倒。"这是一个过程。用户就会好奇,这个女孩子为什么要大夏天穿布偶服发传单?路人为什么要把姑娘推倒,双方是有什么纠纷吗?姑娘被推倒以后,路人会有什么下场?这些疑问就会吸引用户观看完视频,寻找答案。

2. 隐藏过程

先说原因。"我看到新来的经理在训斥一个年轻人,然而缘分总是那么奇妙,他教训的是我们公司老板。"这样的一个文案或者画面就会引起用户思考:这位经理后来怎么样了,会不会被老板"穿小鞋",这个过程是怎样的?

先说结果。"新来的经理才工作一上午就被老板炒掉了。"用户就会思考:是什么原因导致一个经理刚上任半天就被老板炒掉,老板又是怎么炒掉他的?

3. 隐藏结果

先说原因。"由于多次上班迟到,新来的姑娘竟被……"用户根据惯性思维会想老板一定开除了这名员工,但创作者给出的结果是这名员工升职加薪了,那么用户就会好奇:这中间到底发生了什么?过程是怎样的?

先说过程。参考上文提到的先说过程的案例即可。

有一点创作者需要注意:想要悬念能够引起用户好奇,事件就需要非常离奇。在隐藏原因时,内容越令人费解越好,如"我有一个身家过亿的朋友""九旬老夫妻拾荒为生";在隐藏结果时,越危险越好,越难以处理越好;在隐藏过程时,越离奇越好,不可能完成的事情偏偏有人完成了,那么这个人是怎么做到的就足以吸引用户的好奇,如"一个来自山村的 90 后大学生半年赚了一亿元"。

总之能够让用户产生兴趣的悬念主要是事件悬念、命运悬念、主题悬念,围绕这几点去设置悬念一定会有事半功倍的效果。

这类悬念的设置有两大方法,一是以疑问制造悬念,二是以倒叙制造悬念。

以疑问制造悬念,可以通过主角之间的台词提出疑问或者通过旁白提出疑问。以倒叙制造悬念,可通过倒叙的手法,先将结局展现给用户,让用户心中存疑,带着好奇观看视频。这里需要注意的是以故事结局作为视频的开场时,故事的结局一定要有足够的吸引力,比如极致的情绪,只有情绪到位,用户才会继续看下去,并且看完后会有种酣畅淋漓、恍然大悟的感觉,情绪也就得以释放,不然就容易头重脚轻,让用户感觉像是被噎住了一样。

关于设置悬念的具体方法,这里再补充 4 个小技巧。

1. 人物在某一时刻的神态

以人物在某一时刻的神态作为视频的开头,可以是开心的、伤心的、愤怒的、绝望的……这类神态会让用户不由自主地去探究人物背后的故事,了解人物为什么会出现这样的神态。

2. 人物在某一时刻的心理

很多影视作品经常会有旁白,一般会反映人物在某一时刻的心理活动,而正是这一心理活动会吸引用户去探究人物出现这类行为背后的动机是什么,既能紧紧抓住用户的心,也方便后面情节的展开。

3. 特定的环境

抖音之前有一条很热门的视频是关于东北雪乡的,镜头下的雪乡唯美、浪漫,符合用户对于美好风景的向往与追求,自然而然地可以吸引用户观看视频并进行点赞、评论。

4. 精彩情节

在视频中设置一小段精彩情节,如一段激烈争吵的情节,让用户探究为什么会争吵,谁吵赢了。

3.3.5 人物刻画是否个性鲜明

艺术家安迪·沃霍尔曾说过:"每个人都有可能在 15 分钟内出名。"而在短视频时代,只需要 15 秒某个人就有可能会出名。那视频主角如何最大程度地利用这 15 秒的时间,迅速提高名气呢?

简单来说就是打造专属于创作者自己的人设个性,让用户记住你!具体该如何操作呢？

1. 设定 1～3 个鲜明的人物特质

从人物的形象、个性、服装、妆容等方面下手。人物外貌是什么样的？头发是长是短，是真是假？化妆还是素颜？有没有习惯性的小动作、口头禅？尝试分析视频中的人物画像，由此突出容易被用户记住的特质。

2. 故事背景或人物经历

脚本中的人物是哪里来的，生活中是否有原型？在这个人物身上曾经发生过什么，有着怎样的经历？人物性格是怎么形成的？这些点都可以让人物的形象变得丰满起来。但要注意的是，背景与人物设定之间不要相互矛盾，以免让用户觉得突兀。

3. 与其他角色的对比与衬托

在抖音上无论是视频内容还是直播内容，通常双人或多人比单人更加容易上热门，而通过人物之间的对比与衬托，可以强化主角的形象，让其显得更为真实、立体。但视频中出现的人物数量也不宜过多，最好不要超过 3 个人，因为过多的人物会使整个剧情变得复杂，分走主角镜头，削弱人物特点。

4. 人物的三观与性格

人物所传递出来的价值观、世界观、人生观是否能够被用户普遍接受，是否可以收获用户的肯定与赞扬？人物的信仰和道德底线是什么？人物有着怎样的性格？这一点在创业类账号中尤为重要，作为老板、创业者，你所传递出来的价值观决定了用户是否会相信你、支持你，投资人是否会投资你。

5. 人物的行为、目标与动机

是什么驱使视频中的人物做出决定并开展行动？创作者需要给用户一个可以接受的理由。是哪些行为改变了人物，使其做出了其他的行为？之前在抖音上有这样一个视频，"老板发现公司的一名员工上班经常打瞌睡，准备让人事把这名员工辞掉，但是在走廊里这位老板听到员工跟家里打电话说父亲的病自己会想办法凑钱，让家里人放心，结果老板不但没有辞掉这名员工，反而跟其他员工演了一场戏，给这位员工3万元的业绩奖励，帮助他渡过眼前的难关。"这一系列的行为变化都是有迹可循的，并进行了适当的转变与升华，一个好老板的形象呼之欲出，人物更加丰满。

总之，在设置人物时，要围绕中心话题展开，同时注重人物的可信度，可以从两个方面入手：一是代入感，能够让用户感同身受，产生共鸣；二是符合逻辑，让用户感觉不突兀、不跳脱。最简单的方法就是不断重复，加深用户对人设的印象，即使视频内容再怎么变化，但视频中留给用户的记忆点始终不变。

3.3.6 有没有发人深省的哲理内涵

"读史使人明智，读诗使人灵秀，数学使人周密，哲学使人深刻，伦理学使人庄重，逻辑修辞使人善辩；凡有所学，皆成性格。"古往今来的各种哲理故事激励了一代又一代的年轻人，研究表明"鸡汤文"（励志文章）对于激励年轻人的心智有着不可或缺的作用。

哲理故事在生活中无处不在，来源于生活又高于生活。表象之下，本质深处，我们会发现每件事物的发展规律都有着神奇的一面，每个人都可能是另一种人，都有着自己的秘密，而哲理能够让人看得更远，并引导人思考。这也是为什么古往今来圣贤们的言论会被奉为圭臬，很多学者引经据典的能力使人膜拜折服。

作为创作者，内容是否有深度、有深意、有内涵，一定程度上决定了吸引到的用户群体的质量。内容越优质、越有内涵，吸引到的用户的质量越高。当然想要让内容富有深意，单纯地引经据典，搬运一些晦涩难懂的术语，来彰显自己底蕴的创作者在抖音上是行不通的，因为用户是来娱乐的，不是来上学的，所以需要创作者在生活中细心观察，从生活中发现人生哲理。创作者平时可以多读书，多吸取圣贤们的智慧，结合自己的经验来验证、理解、消化书中的哲理，使之变为自己的智慧，再用自己的语言讲出来。

创作者可以思考，用户究竟喜欢什么样的内容？会为什么样的内容点赞？虽然每个用户喜欢的内容可能不一样，但它们肯定是有用、有价值同时又不失娱乐性的。这些内容可以是情绪上的，也可以是技能上的。

情绪上的反应最多的就是"鸡汤"，视频中的"鸡汤"是否能够让用户感同身受，引发其思考？古往今来的大毅力者有时也会出现低落、低谷的状态，在被其他人激励之后又重新站起来，更不要说那些毅力不是很强的人，他们行动力不强、心志不坚定，想从外界寻求一种坚定的感觉，而"鸡汤"就是外界给他们的一股支撑力。当然，随着社会发展，"鸡汤"又衍生出了"毒鸡汤""反鸡汤"，从不同的角度解读"鸡汤"也富有一定的深意，创作者可以借鉴。

创业类视频中经常会采用这类"毒鸡汤"，笔者的团队在2019年做的创业类账号如图3-5所示，采用的就是"毒鸡汤"的方式。其中一条视频的文案为"起心动念利他，一切方法自来"，用这条文案的视频点赞8.4万，"涨粉"2万多，而且都是相对优质的用户。

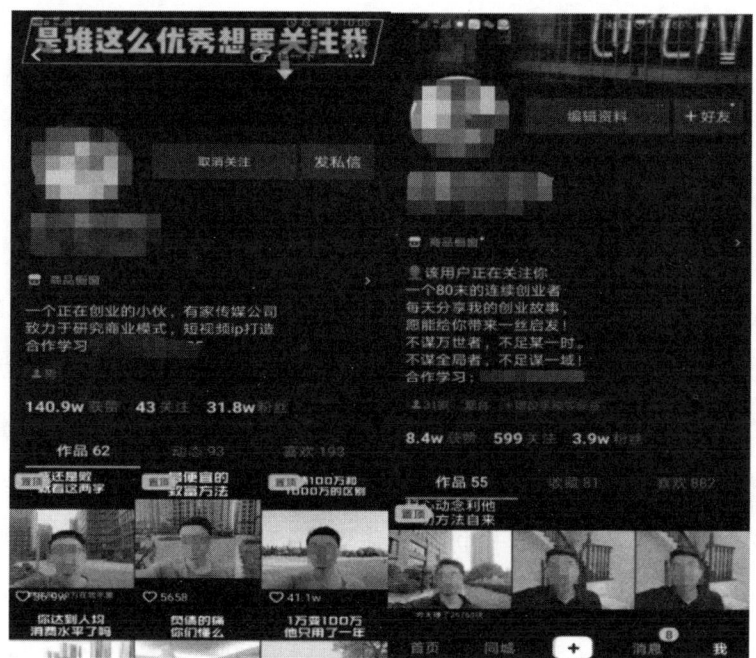

图3-5

在技能上反映最大的就是干货，是价值点，是能够让用户受益的某项技能或知识：可能是学会某一技能，如做饭、做表格；也可能是懂了某一方面的知识，如地球为什么是圆的。这类干货就是通过一个价值点，让用户产生点赞、评论、转发的欲望，内容也很好找，百度、知乎、书籍等都是不错的搜集素材的地方。

3.3.7 视频可操作性极强

对于一个刚接触抖音的新人来说，最头疼的问题就是创作视频脚本，如果有能够快速上手并且极具操作性的模板就可以起到事半功倍的效果，这里就分享3个模板给各位创作者。

1. 搬运法

搬运法顾名思义，就是把东西从一个地方搬到另外一个地方。那在抖音上该如何搬运呢？第一，可以从其他视频网站或者国外视频网站搬运内容；第二，从微信公众号、朋友圈搬运热门文章或内容，将其改为视频；第三，从电影、电视剧中剪辑精彩片段；第四，从公众人物下手，如明星、企业家等，搬运他们被采访或演讲的内容。这些对于新手来说，门槛低，普遍适用，可以作为前期的练手、过渡使用，但在使用的过程中需注意版权问题。

2. 模仿法

模仿是抖音的灵魂，是否可以创作出能够被多数用户接受并进行模仿拍摄的视频内容是辨别一个创作者是否足够优秀的重要因素之一。"海草舞""小猪佩奇""地铁抓手"等都曾在抖音上掀起了模仿的浪潮，产生了很多点赞量达几十万、几百万个的热门视频，因此模仿是新人融入抖音的必备技能。模仿分为简单的随机模仿以及高级的系统模仿。随机模仿是看见什么视频最近比较热门，创作者就跟着拍哪种视频；系统模仿是创作者找到对标的账号，进行系统的分析，包含但不限于经典台词、桥段、套路等。创作者模仿用得好能够更快地融入抖音并获得源源不断的创意，那作为创作者怎么进行模仿呢？

(1)神转折

"虽然……但是……"的句式很容易让用户把注意力放在"但是"身上,如"虽然我长得不好看,但我想得美呀",瞬间能够让用户有种哭笑不得的感觉。这种视频会先选择一个铺垫的事物,列出各种假设,再选择一个目标假设并找到连接点,然后对这个连接点进行解读,完成笑点,简单来说就是"铺垫+笑点"。如抖音上比较热门的视频"连我你都不爱,你爱什么,爱丽丝吗?""连我你都不在意,你在意什么,在意大利吗?"都符合这个公式,大家可以发挥自己的想象力,想想是否还有其他的转折。

(2)视角替换

视角替换有两大原则,第一要显得与众不同,第二要符合主流价值观、传递正能量、制造积极情绪。如何显得与众不同,需要创作者寻找不同的视角,从各个角度去思考问题,可以思考换成是我会怎么做,如果对方是我朋友我又该怎么去做,记录每个视角下人物不同的行为与心理活动。比如,抖音上很热门的外卖员送餐迟到后收到餐客差评的视频,从不同的视角来看,餐客饿着肚子改方案到下午两点多没有吃午饭,就因为外卖员送餐迟到,结果到五点才吃午饭,难道餐客不辛苦、不委屈吗?因此当抖音上对于××话题、××人物有着强烈的态度趋势时,创作者不妨尝试打抱不平一下,从对立面的角度出发阐述问题,也许会有不一样的收获。但需要注意的是要符合主流价值观、传递正能量、制造积极情绪,而不是故意制造恐慌或编造话题博眼球。

(3)增加、删减剧情

创作者可以针对已经有一定热度的视频进行剧情的延续,比如续集、反套路、回应等。在抖音上有很多热门的视频都是在对以前比较热门的视频进行修改的基础上得来的,而修改的创意很多来源于评论区用户的留言。在评论区很多用户都会留下对后续剧情的期待,会写下自己的看法,创作者需要做的就是收集呼声较高的评论,把后续的故事制作出来。

（4）替换视频中的主客体

作为创作者，我们不大可能找到与原视频中一模一样的人来做演员，所以就需要寻找可以替代视频中角色的对象。是增添人物还是减少人物？是要比原视频夸张还是收敛？原视频中的女性角色是否要替换为男性角色？

3. 四维还原法

如果模仿是形似，那四维还原就是神似，模仿只能看到表层的东西，而四维还原可以深入灵魂，掌握四维还原法也就掌握了制作类似视频的灵感。四维还原分为内容还原、评论还原、身份还原、策划逻辑还原。

（1）内容还原

内容包含视频标题、音乐、画面、台词。创作者需要把原视频完完整整地描述一遍，有点类似三维世界落入二维世界，把视频中所包含的要素一点点地剥离、记录、描述下来。如视频中讲了什么？对谁讲的？谁看到视频后会产生反应？目的是什么？

（2）评论还原

用户的反应在一定程度上会决定视频后续的走向，作为创作者，需要在评论区里找到代表性的评论，仔细分析用户喜欢这条视频的点在哪里，从而获得创作灵感。之前笔者在做情感类账号时，就发现评论中回复的绝大部分用户是女孩子，她们最想做的事情是如何让男朋友不经意地看到这条视频。

（3）身份还原

创作者需要深入了解评论、点赞、关注用户的年龄分布情况，确定真实的传播对象，了解这类视频更适合哪一类人群，从而把创作重点放在扩大吸引这类人群的兴趣点上。一定要去分析这类用户是谁，他们关心什么，为什么喜欢这条视频，只有找准这个点，才能创作出更具针对性的热门内容。

（4）策划逻辑还原

创作者要清楚这条热门视频背后的创作团队的策划逻辑，清楚这个团队对视频的看法是否与自己一致，能否给自己带来启发。视频面向的人群是谁？内容是说给谁听的？为什么要说给他们？说什么给他们听？怎么说给他们听？简单来说就是，说目标群体在乎的点，帮助他们说心里话，说他们想说却不敢说的话，做他们想做却不敢做的事，这样创作者就会有无数的创意。

对于新手创作者，可以先模仿，同领域里哪条视频比较热门，就按照四维还原的方法对视频进行拆分，提取原视频中的"爆点"，寻找灵感，进行升级或二次创作并拍摄剪辑。

3.4 视频上热门的八大助力技巧

抖音视频一旦上了热门，就意味着巨大的流量和曝光量，但什么样的视频才能称为热门视频呢？每个人对热门的理解不一样，有的人觉得1万次以上的播放量是热门，有的人觉得10万次以上的播放量是热门，还有人觉得100万次以上的播放量才能算热门。这里给各位创作者提供一组数据作为参考："1、5000、100"，即在发布新视频的一小时以内，视频播放量达到5000次，点赞量高于100个，那么这条视频上热门的概率就比较大。

基于抖音独特的算法机制，想要让视频上热门，其实是有规律可循的，本节将分享视频上热门的八大助力技巧。

3.4.1 多多参加热门挑战

在抖音上，话题挑战可以很好地引导用户，比如抖音想让某一个活动、音乐或者舞蹈获得较大曝光量，就可以通过话题挑战的方式来操作。抖音话题挑战不仅可以获得大量的曝光，还能够让更多的用户参与视频互动，提高用户的黏性与活跃度，因此接受挑战是上热门的小技巧之一。那么抖音挑战赛怎么发起、在哪里发起、怎么参与呢？

对品牌方来说，可以发起挑战，需要做的是提前找好匹配品牌调性与受众的抖音达人们创建并发起挑战，之后增加挑战的参与人数，提高话题的热度，才会使相关视频上热门并获得更多的推荐。

那作为创作者怎么参与抖音的挑战呢？

1. 搜索"挑战赛"

在抖音搜索框里输入"挑战赛"，即可查看当下热门的挑战赛，如图3-6所示。

创作者可以直接选择感兴趣的挑战参与，也可以选择其中的热门短视频进行挑战，只需要点击进入要挑战的短视频，然后点击"拍同款"，如图3-7所示，即可进入拍摄界面。

图3-6

图3-7

2. 从消息框寻找

打开抖音App→消息→抖音小助手，查看更多挑战赛，如图3-8所示。

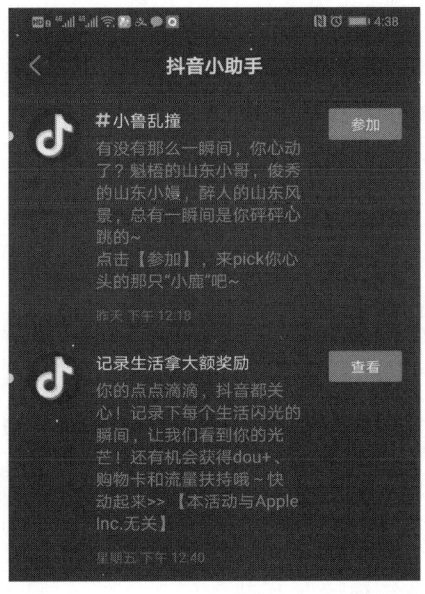

图3-8

在这里可以看到很多的挑战话题，创作者选择自己感兴趣的挑战，拍摄视频上传即可。这些挑战都是抖音官方筛选出来的热门挑战，如果创作的视频内容足够精彩，那上热门的概率就非常大。

这里有一点需要注意的是，作为创作者要清楚如果视频内容与挑战内容不符，即使参与挑战，抖音官方也会将其判定为无效参与。因此视频内容一定要和挑战内容有所关联，一定选择符合自身定位以及自己感兴趣的挑战赛，然后根据挑战的内容进行视频创作。如抖音之前很热门的"锁骨放口红"挑战，视频内容就是以比试锁骨上究竟能放多少根口红为主。

3.4.2 紧追热点，创造简短精悍的内容

每天每个人几乎都面对着成千上万条的信息，接受着来自各个领域的消息，所以在紧追热点前笔者先给各位创作者介绍一下常见的热点类型。

1. 突发性热点

突发性热点是指不给用户反应时间，突然间被曝出进而引起轰动的事件，这

一类热点的来源以娱乐圈居多，此时创作者需要有敏锐的判断力，确定好立场。

2. 社会热点

一般是会定期发生的社会大事件，比如重要的节假日等，可以结合节假日来创作相关的视频内容。

那作为创作者该如何"追"这些热点呢，这里把追热点分为两种，一是追抖音内部流量的热点，二是追外部流量的热点。

（1）追内部流量热点

创作者可以在抖音搜索框下选择"热点榜"，点击"查看完整热点榜"，进入图3-9所示的界面。想要抖音官方的流量推荐，选择站内热点最合适不过。抖音热点榜代表了用户喜欢看的视频，用户会积极参与话题互动。

图3-9

（2）追外部流量热点

在微博或微信被热议的事件，放到抖音里有很大概率同样会被热议。实时关注微信热点榜单、微博热搜榜、知乎热榜、头条指数等，追热点将变得更加容易。

① 微博。微博一直以来就是热门事件发酵的根据地，由于微博自身的开放属性，它不仅能够迅速汇集各方资料，而且还拥有大量的创作者，能对事件进行二次加工、创作与传播。

在使用微博追热点时，要注意找热门事件关键词以及衍生关键词。微博的热门话题功能会在第一时间把热度最高的内容排在最前面，正常范围热度的是亮红色的"热"，超出正常范围热度的是大红色的"爆"。"爆"绝对是热度空前的内容，一定要点进去看看。同时要注意找到事件中的主角与配角以及网友们的精彩评论。要认准事件中主角的微博，以便在第一时间可以了解到主角关于事件的最新声明，也可以根据以往的微博内容判断博主的性格与形象；同时还要关注事件发布者、爆料者的微博，以免错过精彩内容；最后要关注微博用户的评论，因为评论中往往存在着最新鲜的文字。

② 微信、知乎、今日头条。在微信的搜索框中，可以搜索事件关键词，会出现很多跟此事件相关的文章、朋友圈评论等内容，可以说是事件信息的汇总，更加简洁方便。

知乎的用户群体的文化水平与社会层次相对偏高，汇总的是相对高质量的用户对于某一热点事件的客观看法以及事件始末的全面分析，并且会有很多精妙绝伦、短小精悍的评论，甚至有很多评论一针见血、能引起人们的深思，含金量相对较高。

今日头条是抖音母公司字节跳动旗下的一款产品，拥有庞大的用户群体，每次对热门事件的跟随度较高，并且在一定程度上筛选了微博上质量较高的内容进行汇总，可以作为了解热门事件的参考。

在追热点时，搜集信息的过程是枯燥、乏味又漫长的，往往充斥着很多杂乱无章的信息，需要创作者去伪存真，在有耐心地筛选出真正有价值的信息之后再进行传播。

作为创作者，该如何追热点呢？接下来分享的这3点是层层递进的关系，一层比一层更高级。

1. 做内容的搬运工

这个很好理解，就是字面意思，把所有的内容拼凑在一起，让用户一次性看个够。

2. 替用户分析

很多热门事件在发酵时，用户是一脸迷茫的，比如谁是主角？发生了什么事？很多用户一无所知，这就需要创作者把所有内容分门别类地帮助用户梳理清楚，比如可以根据时间、人物关系、因果关系等来做梳理，让用户既可以清楚事件本身，又可以了解事件始末。

3. 替用户表达

很多人都有着强烈的表达欲，想要去释放内心的欲望，所以光让用户了解事件的始末缘由是远远不够的，还需要创作者帮助用户去表达内心想表达但又不知如何表达的想法和观点。这样的内容就能够快速引起用户的情感共鸣。

当然也有很多创作者，尤其是一些商家或品牌主，由于没能厘清事件的内核与自身产品、品牌的定位而胡乱"蹭"热点，导致口碑下降。因此创作者在"蹭"热点时，一定要注意热点的正面性，其一定要是与自身定位、产品相符合的内容，不要为了"蹭"热点而"蹭"热点。

那商家或者带货主播如何"蹭"热点，才能让用户参与其中，提高产品转化率呢？

1. 让用户有参与感

比如每卖出一件，将捐赠××给山区贫困儿童。

2. 给用户理由

结合热点的打折促销，既可以引导用户的情绪，又给用户提供了一个不得不购买的理由，刺激用户消费。如抖音之前发起的"山货助农"活动，产品既实惠又能帮助山区农民清库存，让很多用户无法拒绝。

3. ×× 同款

创作者可以把自己的产品与热点事件中的人物或周边产品进行绑定，通过热点事件中的主角光环来放大产品的价值，如××明星同款。

作为一名有素质的创作者，在"蹭"热点时一定要注意热点的选择，不要为了"蹭"热点而损害自己在粉丝心目中的形象，不传谣，确保事件真实可信之后再进行传播，不要随意伤害无辜的人。同时注意速度一定要快！热点事件都是有生命周期的，不要在热度下降以后创作者的内容和视频还没有创作出来，能够当天"蹭"到的热点坚决不过夜。

3.4.3 时刻收藏热门音乐

音乐可以营造语言所不能营造的情绪，并能使语言给用户留下更加深刻的印象。抖音之所以如此成功，深受用户喜爱，音乐至少起到了 70% 的作用。如果你不相信，现在立刻把你的手机媒体声音调成静音，再来刷上 30 分钟的抖音感受一下，是不是很奇怪？

音乐是很神奇的事物，可以抚平人的情绪，可以渲染背景气氛，可以为视频局部内容或整体内容创造一种特定的气氛基调，从而起到深化视觉效果、增强画面感染力的作用。

音乐可以用来渲染环境气氛，如视频内容是创业失败、团队散伙、公司倒闭，那搭配的音乐的基调就应该是伤感而不失正能量的。

音乐还可以烘托时代氛围。在抖音上影视剪辑占了很大的比重，但同样的影片，剪辑片段和手法也差不多，有的内容有几万个、几十万个赞，有的内容只有几个、几十个赞，其根本原因在于背景音乐的选择。明明一个描写古代战场的影视片段理应搭配气势磅礴的音乐，以烘托时代氛围感，但有的创作者却选择现代流行音乐，显得很突兀，不能把用户带入视频情境中去。

音乐还可以体现视频中人物丰富复杂的情感状态、微妙的心理变化。在视频内容中，人物的情绪是欢乐、悲伤、紧张还是惊恐都可以通过音乐来烘托，如抖音上的一些侦探类账号，经常会用"噔、噔噔、噔噔噔、噔噔"这样的音乐来制造紧张感。

音乐还可以用于连贯镜头或转折剧情。音乐可以把分散的、跳跃的镜头串联起来，这个在抖音上用得最多的就是"一个人的十年"这类视频。笔者看到过这样的视频，搭配的音乐是《你和我一样》，视频中展现的内容是一个创业者十年来的各种照片，非常真实，有一种娓娓道来的感觉，这条视频获得了几十万个赞。有时当用户在刷抖音时会发现一个视频前面部分的基调还是悲伤的，但突然画风一转一股浓浓的欢快喜悦范儿就出来了，在其中起转折作用的就是音乐，转折音乐一出用户就能感觉到视频内容有转折了。

音乐可以刺激用户进行评论，因为音乐的使用表达了创作者对于视频内容中人物和事件的主观态度，如歌颂、赞美、同情、控诉、哀悼，可以强化视频的视觉效果，使用户的感受更强烈。如抖音上发布的关于"最强外交天团"的外交部新闻发言人的视频，搭配的都是铿锵有力的音乐，让用户感受到祖国的强大，也抚慰了很多在外华人的心。

音乐还可以深化主题，每一条视频都有创作者想要表达的主题思想。创业失败但依然不放弃梦想并继续拼搏的主题，一般都会搭配《从头再来》这首歌，可以引起用户的共鸣；分手了、失恋了一般搭配伤感情歌，能够安抚这类用户的情感创伤；美好的自然风光一般搭配清新自然的轻音乐，这类音乐会模仿大自然中的各种声音，让用户仿佛置身于一个充满秩序感的自然环境中，安然自得，这一类音乐民宿类视频内容用得较多；《爱拼才会赢》这类正能量励志的歌曲，能够给人很强的向上的力量，可以起到很好的鼓励作用，让用户从迷茫、低落的情绪中走出来。不同的音乐传递给用户的感受是不同的，所产生的作用也不相同，因此作为创作者千万不要忽视音乐的选择。

这里给各位创作者提供两个选择音乐的标准，一是选择与视频内容完美契合的音乐，二是选择热门音乐。

选择与视频内容完美契合的音乐很好理解，就是音画要同步，通常不要给悲伤的视频画面搭配轻松喜悦的音乐，同理也不能给搞笑幽默的画面搭配萎靡低沉的音乐。

关于热门音乐的选择，这里有个最简单的判断标准，就是在抖音上，近一段时间内能够从不同的视频中重复听到的音乐就可以称为热门音乐。创作者可以选择下载视频提取音乐或直接点击视频下方的音乐，之后点击收藏，如图3-10所示，即可保存热门音乐。

创作者也可以直接在抖音搜索框中输入"音乐榜""DOU听音乐榜"等关键词进行搜索，如图3-11所示，也会出现很多的热门音乐，保存方法与上面提到的一样。

第 3 章
账号定位与热门内容生产

音乐的选择对整个视频的效果起着关键性的作用，和创作视频内容一样，有趣、易传播的音乐才值得深挖。

图3-10

图3-11

3.4.4 设置具有吸引力的标题

短视频标题的作用和公众号标题的作用几乎一样，对内容的完播率、转发量、评论量、点赞量都有极大的影响。

抖音视频的文字标题可以围绕3点进行设置：第一，引导用户；第二，进行预告；第三，互动讨论。

引导评论文案如"是不是大家回家都是这么懒"。

引导点赞文案如"喜欢一个人不敢表白,点赞 1 万就鼓起勇气去"。

引导关注文案如"去见网友的路上,照片上是这样,明天更新真人"。

引导完播文案如"看到最后一秒,原谅我没忍住笑出'猪叫'"。

关于如何创作有吸引力的标题,在前文短视频标题及后文直播标题中都有详细讲解,这里就不再赘述。

3.4.5 注意视频发布的热门时段

抖音作品想要被更多的用户看到,吸引到更多的流量,就需要掐准抖音短视频的发布时间,每一个时间段发布的视频所获得的流量是不一样的,不同时间段视频上热门的概率也是有差别的。当今社会是一个"碎片化"的时代,用户的时间相对分散,通常只会在休息或空闲时间来看看视频消磨时间,而由于行为习惯的不同,每个人在不同的时间段对于观看视频的耐心程度也不同。

举个简单的例子,早起赶公交上班的途中,用户的注意力集中在能否赶上公交上,所以观看视频的耐心就会降低,只有非常精彩并且自己感兴趣的视频才有可能看完;但下班回家的路上通常没有什么紧急的事,这会儿就会有较强的耐心来观看视频。所以,在发布抖音短视频时创作者应该选择在用户相对宽松的时间段,这样被更多用户看到的概率、上热门的概率就会增大。简单来说就是什么时候活跃用户多,什么时候发布视频。

在抖音运营中我们通常认为黄金发布时间有 6 个,总结起来就是"四点两天"。四点指周一至周五的 7:00 ~ 9:00、12:00 ~ 13:00、16:00 ~ 18:00、21:00 以后,两天指周六、周日两天的休息日。

为什么是这样的时间段?因为据不完全统计,在用户刷抖音的时间中,假期占 37.5%、晚餐后占 64.1%、晚上睡觉前占 62%;用户点赞最多的时间段为午饭前后以及下班前后,因此集中在这些时间段发布视频,视频的综合推荐指数会高一些,获得的推荐量也会比其他时间多一些。

第 3 章
账号定位与热门内容生产

7:00～9:00，大部分用户刚刚睡醒或正在上班的路上，一般没有什么精神，这时候用户可能会看看抖音提提神，唤醒大脑，因此在这个时间段发布正能量、励志、积极、向上、自律、读书等类型的视频会深受用户的喜爱。

12:00～13:00 是午高峰，许多用户忙碌了一上午终于可以休息一下，于是会趁着吃饭的时间刷抖音放松放松心情，因此这个时间段发布轻松愉快的视频比较受用户喜爱。

16:00～18:00，这个时间段很多上班族手上的工作已经忙得差不多了，有的甚至已经下班了，相对来说比较放松，会看看有什么好玩的、好吃的、好用的，所以这个时间段发布干货内容或者美食内容等是比较适宜的。

21:00 以后是晚高峰，上班的差不多回到家了，上学的也下了晚自习，这个时间段大部分的用户处于一个休息放松的状态，是抖音一天中流量最高的时间段，用户群体丰富多样，适宜发布多种类型的内容。但如果是情感类的内容，建议发布时间稍往后调整一下，22:00～次日 0:00 是比较适宜的时间段，因为深夜人比较容易在感情上产生共鸣。

周六、周日的休息时间通常比较自由放松，用户可以尽情地刷抖音，创作者可以在这个时间段发布作品。

以上是常规的发布作品的时间定律，接下来分享几个关于选择作品发布时间的小技巧。

1. 选择固定时间发布作品

每天准时准点发布作品可以满足用户的确定性心理，这就好比很多热播电视剧的更新时间是固定的一样，每周一、周三、周五 20:00 更新两集，发布作品也是一样，让观众在看视频的同时清楚地知道什么时间再来观看新作品。

2. 追热点

在热点产生的第一时间，创作者就需要快速创作符合自身定位与调性的内容并进行发布，因为有热点，就会有大量的搜索和关注，所以创作者要"趁热"吸引用户注意，获取曝光。

3. 跟随做得好的账号

"幸福的家庭都一样，不幸的家庭各有各的不幸。"在抖音上也是如此，做得好的账号，在很多地方都能找到相似点；而做得不好的账号，其原因却千差万别。在同领域做得好的账号，之所以能够成功，除了文案、内容、创意等更棒以外，这些账号发布作品的时间同样具有参考意义。作为创作者，要去分析做得好的账号的热门内容集中在哪个时间段发布，之后对标也在这个时间段发布作品，因为同类型标签的用户的反馈程度相比"泛粉"来说更高。

4. 错开发布高峰期

在抖音上，很多做得好的账号都把发布的时间定为 16:00～20:00，这是用户比较活跃集中的时间段，这时用户对放松、娱乐、学习等内容的需求更为集中。在这个时间段内，创作者能够即时获得精准标签的用户的即时反馈。但是这也造就了优质内容扎堆的现象，在流量有限的前提下，1 个作品与 10 个作品、100 个作品、1000 个作品所分配到的流量、曝光量是不一样的，所以创作者可以选择提前或延后半小时，甚至一小时，避免自己的作品淹没在众多优质作品中。需要注意的是，新账号的创作者要先选择跟随做得好的账号确定作品发布时间，再根据自身账号的数据反馈错开高峰期。

5. 根据账号用户群体活跃的时间发布作品

根据账号的数据反馈，创作者可以看到账号粉丝们的活跃时间，同时根据自己的定位、产品、服务、标签和这些目标用户群体使用的场景来决定发布作品的时间。比如讲治疗失眠的作品尽量选择在晚上发布，减肥健身的作品尽量选择在晚饭前后发布，自律读书的作品尽量选择在早上发布。这样才能有效地与用户进行互动，而互动多了，自然更容易上热门。

最后需要注意的是视频尽量不要选择在凌晨发布，因为经过数据测试，虽然凌晨也有活跃用户，但其活跃度明显与高峰期用户的活跃度有较大差距，转化效果相对较差。

3.4.6 视频发布后快开直播

抖音有六大流量入口，分别是直播推荐、视频推荐、关注页、DOU+、同城、其他，这里主要讲3个。

① 同城可以理解为微信中的附近的人。在抖音上发布视频以后，系统会先把视频推送给附近的用户，根据用户的反馈决定要不要继续推送，直播也是一样。创作者在开启同城后，系统会把直播推送给附近的人进行展示，用户出于好奇心理会点击进去观看直播，感兴趣的用户会关注主播，进而观看主播的视频为主播的视频增加热度。

② 视频推荐。在发布视频以后，系统一般会给作品分配初始的基础流量，这时创作者应立马开直播，这样当用户刷到视频的时候，就可以看到创作者正在直播，可能会吸引用户通过点击头像进入直播间，也为视频提高了权重。

③ 直播推荐也叫直播广场，在直播广场中用户可以看到所有的当前正在直播的封面，点击页面中对应的图标就可以进入其直播界面。从直播广场进入直播间的人数多了以后，直播间的热度就会上升，同时会带动视频热度。很有可能在开播前视频播放量只有几百次，直播结束后，视频就上了热门。

3.4.7 评论区引导视频风向

达人与明星、"网红"最大的区别在于接地气、平易近人。很少有明星主动回复粉丝的现象，但是达人不一样，尤其是小达人们，更注意粉丝的维护、注重粉丝的感受。目前抖音并没有开放过多的运营位置给账号运营人员，只能够在头像、个人简介、背景图片中介绍创作者，但是这些远远不够，用户对于创作者的了解依然停留在表面，很空洞，看不见摸不着，所以需要让用户更加深入地接触与了解创作者，那么创作者对评论和回复的引导就必不可少。

在账号运营前期，创作者完全有精力做评论区的维护，如引导用户评论、回答用户问题。如果创作者可以把与用户互动的环节做好，就会大大提升用户的活跃度与忠诚度。图 3-12 所示的是笔者团队一位小姑娘运营的一个账号，最初小姑娘对这条视频下的每个评论都用心做了回复，很有意思的是每个她回复的评论几乎都回评了，这一来一往就增加了视频的热度，加上视频本身相对优质，最终这条视频的点赞量超过了 28 万个。后来，在另外几条视频中她依然采用这套方法，效果都很不错。这套方法虽然有点"笨"，但不得不说确实能够激起用户对视频的有效互动，让用户感觉到自己发表的言论是有回应的，是在跟一个有血有肉的人交流，提高了用户的体验感。事事有回应，件件有着落，是大部分用户想拥有的，而这时出现了这样的一个创作者，是不是很有关注、点赞、评论的欲望呢？

尤其对于带货类的创作者，更要注意评论区的引导与维护，不要让低俗、恶毒的评论留在评论区，要及时清理。

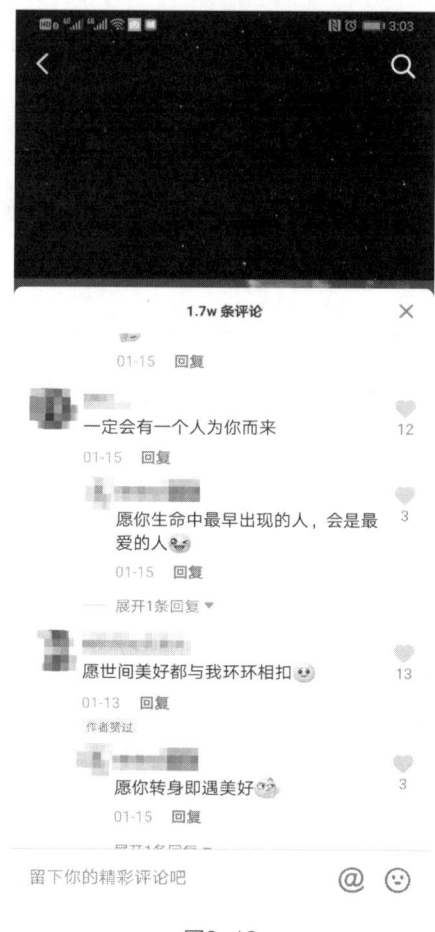

图3-12

3.4.8 不断复盘优化提升作品品质

作为短视频的创作者，很多人每天都在上传作品、发布视频，但是视频的数据反馈并不尽如人意，有的只有几次、几十次、几百次的播放量，时间长了不免让人有些心灰意冷。这里需要创作者做的就是学会复盘，提高作品质量，改善数据反馈。

古往今来，人总是会在失败的教训中获得经验，在失败中不断地成长。而复盘就是创作者对自己曾经的工作，包括但不限于准备过程、执行过程、效果分析等进行全面的回顾，从中查漏补缺、扬长避短。

复盘更加关注过程与结果，比单纯的总结要更加全面和深入，那该如何进行复盘呢？

1. 复盘作品

作为创作者，在第二天要对前一天发布的视频进行复盘，脚本、拍摄、剪辑、运营都要进行分析。因为时间间隔短，相对来说所有的活动细节还没有被遗忘，相对清楚，所以获得的信息准确性较高。

2. 团队配合

如果有团队，那么团队成员之间不能随意推卸责任，要尽可能真实地表达自己的看法，做好自己负责的工作内容，不给其他团队成员增添负担、拖后腿。

3. 专人记录

安排专门的人员负责控制复盘的时长和记录复盘的内容，如果没有团队，创作者就自己设定闹钟控制时长。复盘的时长尽量控制在两小时以内，不要偏离主题浪费时间。

4. 总结汇总

在复盘结束以后，根据复盘结果写出可以改进的地方，并明确改进的时间和对象——解决问题才是复盘的真正目的。同时把每一次复盘的文件都做好存档，以便后期作为参考，形成标准化的操作流程。

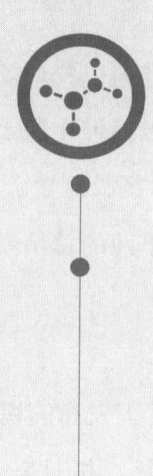

第 4 章
摄影高手速成指南

一个好视频的呈现，不光要有精彩的脚本，还要有精美的画面，所以拍摄是抖音创作者必备的技能之一。

4.1 短视频拍摄设备的选择与注意事项

刚接触抖音，如何选择拍摄设备才能最大限度地节省成本？如何在兼顾成本的同时又拍出流畅的视频？

4.1.1 相机与手机哪个更适合短视频拍摄

2018年，陈可辛导演的《三分钟》全片时长7分钟，全程只使用了iPhone X作为拍摄工具，最后短片呈现出的效果并不比几百万元的摄影设备差。很多人会在短视频拍摄设备上犹豫，到底是用手机还是用专业相机？其实抖音上很多拥有百万粉丝的头部IP账号，在拍摄视频时采用的就是手机。

如果只是制作一个几十秒或几分钟的短视频，一部手机足矣。而且手机拍摄视频更方便、更便捷，可以随时随地想拍就拍。

关于手机拍摄，这里推荐华为Mate 30 Pro、华为P40和iPhone 8以上的手机，这些手机整体拍摄效果比较好。其他品牌的手机也可作为备选，主要根据自身预算和使用习惯来决定。

但要注意，有的手机拍摄出来的视频可能会模糊、不高清或上传时会模糊，出现这类情况往往是手机内部相机设置的原因。

为了保证视频的清晰度，建议创作者把手机分辨率和帧率分别设置成1080p和60fps。

分辨率为1080p的视频在手机上看足够高清，又不占内存；60fps的帧率会让视频更加流畅，在后期剪辑中做变速调整时会更容易一些。

如果想用相机拍摄视频，这里主推索尼相机，价格为5500～13000元，创作者可以根据自身需求及经济能力选择适合的机型。

下面介绍使用手机拍摄的四大优势。

① 便捷。相较于相机而言，手机方便携带，且随时都能够拿出来拍摄。

② 美颜功能强大。磨皮、瘦脸、美白、滤镜等功能已经是很多用户拍摄时离不开的功能。

③ 续航能力强。手机在满电的情况下可以连续拍摄3小时，而且用充电宝可随时充电，充电方便。而相机由于本身配置的问题，耗电速度过快，一般续航能力只有半小时，而且充电方式比较麻烦。

④ 对焦功能。用手机调节屏幕亮度以及锁定对焦较为方便。全自动对焦方式也是现在大多数人常用的对焦方式。

4.1.2　四大辅助工具助力拍出流畅大片

在拍摄视频时，有时一部手机不足以拍出清晰流畅的视频内容，这时创作者就需要借助其他辅助工具来共同完成视频的拍摄。

1. 手持稳定器

当视频需要拍摄高速运动的画面时（如骑车、跑酷、玩滑板），由于人物的运动速度过快，摄影师如果用手持拍摄设备，不可避免地会造成画面抖动。用户看到这种画面很可能会感到烦躁，从而降低视频的完播率。

拍摄抖音视频最基本的要求就是画面清晰稳定。想要解决因为手抖而导致镜头晃动的问题，最好是配备一台手持稳定器。手持稳定器的价格为300～800元，这里推荐以下3种。

① 大疆灵眸手机云台3：稳定性好，操作简单，无盗梦空间模式。

② 智云 Smooth 4：功能多，有盗梦空间模式，操作复杂。

③ 魔爪 Mini-MI：有盗梦空间模式。

2. 三脚架

三脚架是拍摄短视频时必不可少的工具之一。比如拍摄时间过长，摄影师体力不支造成画面抖动，或是演员不够，拍摄者又要拍又要演时，三脚架就可以起到关键作用。另外不同平台对于画面比例的要求是不同的。同一段视频如果横屏拍一次，竖屏拍一次，注定要浪费很多时间，但这时采用多机位三脚架同时拍摄可避免做重复工作，大大提升拍摄效率。

三脚架分为很多种，有相机用的，也有手机用的，根据自身需要选择即可。如果追求性价比，可以选择"思锐""富图宝"等品牌，入门价格为100元左右。同品牌上千元价格的也有，创作者可以根据预算购买。

3. 补光灯

正常情况下，室内的灯光都是由头顶照射下来的。如果光线只从头顶照射下来，会使人物皮肤昏暗，而想要展示人物的最佳皮肤状态就可以利用补光灯来辅助拍摄。

补光灯分为两种：一种是可以随身携带的补光灯，比较小巧，一般放置于桌面上使用；另外一种是落地补光灯。在室内拍摄一定要用补光灯，而且最好是两盏以上，分别放置在人物两侧。

随身补光灯的价格为10～30元，落地补光灯的价格为200～300元。灯光一般会有暖光、冷光和日光三色，创作者可以根据所拍摄的景别、物品的不同，自由调节镜头亮度。

4. 手机广角镜头

手机拍摄视频的局限性就在于不能像单反一样实现镜头切换，但手机广角镜头正好弥补了这个短板。

手机广角镜头的价格为20～100元，尤其适合拍摄风景、野外人像、建筑等。

在拍摄人像时，超广角透视拍出来的视频更有冲击力，并且会把人拍得更瘦一些，把人的腿部线条拉长。

随着人工智能的不断发展，手机拍摄肯定会越来越简单，任何人都可以拿起手机拍摄。当设备不再成为限制时，拍摄技术与内容创作就成为最重要的竞争力。

4.2 玩转镜头语言，提高视频质量

为什么其他抖音账号发布一条视频就有千万级播放量、百万级点赞量，而自身账号发布的视频却没人观看？主要是因为在他人看似简单的作品中，实际上运用了很多短视频拍摄技巧，想要在抖音上创作出优质内容，掌握短视频拍摄技巧是创作者的必备技能。

作为创作者，如何玩转镜头语言，提高视频质量呢？

4.2.1 5种运镜技巧，让你的视频不再枯燥无味

下面介绍的5种简单实用的运镜技巧，足以应付大多数短视频拍摄的要求。

1. 推

推镜头指被摄对象位置不变，手机缓慢向前移动，保证拍摄出的画面有一个向前推进的效果，画面逐渐由远及近，场景由大到小。由于场景由大到小，最后画面中呈现的内容就是最核心的部分，比较适用于强调视频中人物情绪的变化，或者视频中想要突出的细节。

拍摄过程中可用手持稳定器保证画面稳定不抖动。

2. 拉

拉与推正好相反，被摄对象不动，保证拍摄出的画面有一个向后拉伸的效果，画面由近及远，场景由小到大。最终呈现的效果是由一个主体逐渐扩展到主体所在的场景。这种运镜技巧可以更好地交代拍摄环境，帮助用户更好地融入视频当中。

首先画面的开场应该是局部的特写或近景镜头，然后通过镜头不断后退，直至出现全景甚至远景。

比如拍摄全家海边赶海的画面，采用拉镜头的方式，由近及远，营造温馨的氛围，引起用户美好的向往。

3. 转

转指摄像头机位在原地不动，通过辅助设备在原地做任意角度与方向的旋转。建议在拍摄视频时，旋转的角度尽可能大一些，比如旋转180°或者360°，方便后期裁剪。比如，拍摄人物被眼前景象所吸引的情景，那么拍摄画面的第一秒就应该是人物眼睛，下一秒镜头就应该转换到人物眼前的景象上。很多创意拍法就是利用旋转镜头，增加画面的层次感。旋转镜头会在前后两个镜头切换时出现，所以旋转镜头多是用于过渡。

4. 移

移就是移动，被摄对象不动，手机沿水平方向移动的同时进行拍摄，类似日常生活中人边走边看的视角。移动拍摄是最灵活的，但弊端是在移动过程中拍摄者的手会抖，这时就要借助手持稳定器来达到稳定的拍摄效果。

5. 跟

跟就是与被摄对象进行等距离运动的镜头移动，适用于连续表现人物的动作、表情或细节变化。

4.2.2 玩转角度与景别，用普通场景拍大片

虽然短视频不必达到电影级别，但也要学会使用不同的角度去拍摄素材，以便使视频呈现出较完美的视觉效果，这里简单分享3个拍摄角度。

1. 水平视角

水平视角也称为第一人称视角，基本与人眼保持同一水平高度，也是拍摄最常用的角度。这种角度用户看起来最舒服、最有亲近感，仿佛视频中的场景和人就在眼前一样。

2. 蚂蚁视角

蚂蚁视角即仰拍视角，指镜头自下而上进行拍摄。将镜头放置在贴近地面的高度，在画面中既能够看到被摄对象，又能够看到地平线。

仰拍的角度有30°、45°、60°、90°。

蚂蚁视角可用于拍摄体现英雄主义、正义、胜利者的视频，能够体现被摄对象的高大，视觉上给用户被摄对象十分强大的感受，让用户在心理上产生崇拜、畏惧的感觉。

除了正面人物之外，反面人物同样适用蚂蚁视角，可以表现人物的粗鲁野蛮，从而产生强弱对比、善恶对比。

3. 俯拍视角

拍摄位置一般选择比较高的地方，比如站在椅子上、天桥上、楼上等，这样拍摄出来的人物和景致比较全面。

除了站在高处进行拍摄外，还可以使用广角镜头。镜头视角越宽，能够涵盖的场景就越大。所以选择广角镜头并且从高处拍摄，能够拍摄到更多景象。

创作者除了了解基础的拍摄角度外，用手机拍摄视频时，还需要对景别有所了解。一般景别分为远景、大全景、全景、中景、中近景、近景、特写、大特写。相同场景，使用不同景别展现的画面内容不同，镜头语言也有所不同。在拍短视频时，不必尝试所有景别，掌握最常用的景别就可以了。

创作者可以通过以下 5 个景别的对比，更加直观地了解各种景别之间的区别。

1. 特写

特写常用来强调情绪与放大情绪：拍人时用来表现人物脸部的表情变化；拍物时用来强调主体细节，比如纹理、质感等。这种景别可以让视频画面更加清楚，如图 4-1 所示。

图4-1

第4章
摄影高手速成指南

2. 近景

近景拍摄是指从人物所穿衬衫第三颗纽扣的位置开始向上拍摄,用以突出人物或物品的详细特征。这个景别能够很好地介绍人物并表现人物的表情,如图4-2所示。

图4-2

3. 中景

中景拍摄指的是拍摄人的膝盖以上的部分,用来表现人物上半身的直接动作,头顶也留有一定的空间。拍摄时镜头不要正好"切"在膝盖上,否则会让用户觉得突兀,镜头可以上移或者下移一点点,如图4-3所示。

图4-3

4. 全景

全景拍摄指的是人物全身恰好都在画面里，用来表现人与环境的关系。切记"不要顶天立地"，人物的头顶和脚底都要有适当留白，如图4-4所示。

图4-4

5. 远景

远景通常用来交代大环境或抒发感情。人物可以在镜头里有大幅度动作，比如追逐，可以表现人物的活泼。远景在拍摄自然景观、城市面貌、建筑等题材时较为常用。这种景别常用于视频开头，一开场就让用户对这个故事发生的背景有所了解。

手机毕竟不是相机，在拍摄远景和全景时容易产生噪点，尤其是在光线较弱的环境下。因此用手机拍摄远景和全景时最好选择光线充足的环境。

每条短视频都是由不同的景别组成的。不同的景别在一条视频中所占的时间分别是，远景 2～3 秒，中景 2 秒，近景 1～2 秒，特写 1 秒。当然，这里的时间并不是固定不变的，创作者可以根据想要的拍摄效果进行调整。

那在一条视频中，不同景别应该如何分配所占的时间呢？

① 近景、特写和大特写占整条短视频的 3/5。

② 远景和全景占整条短视频的 1/5。

③ 中景占整条短视频的 1/5。

短视频拍摄新手可以尝试用以下 4 种方法去拍一条 20 秒以内的视频。

第一种组合镜头，正递进式。景别顺序为全景、中景、近景、特写、大特写，层层递进，将所要展现的故事越来越清晰地呈现在用户眼前。

第二种组合镜头，局部到整体的衔接。景别顺序为大特写、近景、中景、全景。这种方法可以逐渐表达视频想要表达的内容，更容易勾起用户的好奇心，使其一不小心从头看到尾。

第三种组合镜头，总分总式。景别顺序为远景—全景（交代环境）、中景—近景（交代故事发展）、远景—全景（结束全片）。这会让故事内容非常紧凑。

第四种组合镜头，跳跃式。这种方法没有固定的搭配方式，完全根据内容逻辑来拍摄，可让用户时刻保持视觉新鲜感。

4.2.3　5 种构图方法，拍出电影级别画面

一个好的构图，能够帮助创作者拍摄出更加精美的视频。下面介绍 5 种构图方法，供创作者参考。

1. 对称构图法

对称构图法即使视频画面形成中心对称或轴对称，如图 4-5 所示，适合表现建筑或本身具有对称性的物体，能给用户平衡、稳定的感觉。

图4-5

2. 三分构图法

三分构图法是根据黄金分割产生的简易分割,可分为水平线三分法、垂直线三分法、九宫格三分法。

(1)水平线三分法

画面以水平线条为主,通常用来表现大海、草原等广阔场景,如图4-6所示。水平线本身具有稳定的特性,能给观众稳定、宽阔的感觉。

图4-6

(2)垂直线三分法

画面以垂直线条为主,用来展示景物的高度与深度,如图4-7所示。在这种构图法中，被摄对象几乎垂直于画面，会让画面看起来更具有动感，画面呈现的内容更加丰富。

图4-7

（3）九宫格三分法

九宫格三分法就是在拍摄时将拍摄对象放在4个红色交叉点的任意一点上，如图4-8所示。

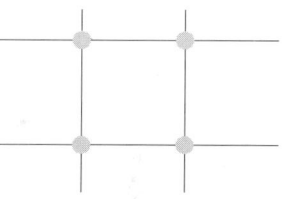

图4-8

3. 引导线构图法

引导线构图法即利用线条引导观众视线，适合用来表现大场景或远景。引导线并不一定是具体的线条，只要是有方向的都可以被视为引导线，如图4-9所示。

4. 框架式构图法

框架式构图法即利用框架将画面框起来的构图方法，可引导观众注意框架内的景物，如图4-10所示。如果单纯拍天空的话，会缺少空间纵深感或立体感，此时就可以利用框架式构图法，为画面增添层次感。这种构图方法会让观众产生"窥视"的心理，让画面充满神秘感。可用来搭建框架的元素有很多，比如门窗、树丛、栏杆、雾气等。

图4-9

图4-10

5. 中心构图法

中心构图法顾名思义就是将被摄主体放在画面正中间,能够使主体突出且画面左右平衡,如图4-11所示。在选用主体时最好是选择在画面中所占比例比较大的人或物,背景切忌杂乱。善用放大光圈、拉长焦距等方式可以让主体从画面中跳脱出来,从而加强对主体的表现。

图4-11

4.2.4 玩好转场，让随拍视频精彩十足

"转场"一词来源于戏剧，后期剪辑中的淡入淡出模仿的就是拉幕和关幕。淡入代表一场戏的开始，淡出代表一场戏的结束。淡入淡出的灯亮灯灭模式相当于戏剧的二道幕，用于场的转换，能够快速把观众带入情境。

如何实现视频场景之间的巧妙切换，又不让观众感到突兀和生硬呢？

① 用相似动作进行转场，即动作接动作。

② 用相似内容进行转场，即内容接内容。

③ 用相似声音进行转场，即声音接声音。

④ 用空镜头进行转场，即不出现人或物体的镜头。

剪辑软件里有非常多的转场镜头可供选择，但是在抖音短视频中应尽量少用酷炫的转场。因为在短视频中运用酷炫的转场会让用户忽略内容主体，过于关注转场特效。

加分的转场效果，常用的有以下 4 种。

1. 淡入淡出

淡入淡出的转场一般是指上一个镜头画面由明至暗，直到黑幕，下一个镜头画面由暗至正常亮度。淡入淡出的特效时间一般不超过 2 秒。淡入淡出中间的黑幕能够给观众一定的间歇时间，留给他们思考的空间。

2. 叠化

叠化指的是前一个镜头的画面与后一个镜头的画面相叠加，前一个镜头的画面逐渐淡去，而后一个镜头的画面逐渐清晰，通常用于表达时间流逝、空间变化、景物变幻莫测，或是表现梦境、想象、回忆等。

3. 划像转场

划像转场指两个画面之间的渐变过渡，分为划入和划出。根据画面进出的方向不同，它又分为竖划、横划、对角线划。一般划像转场用于意义差别较大的两段内容的转换。

4. 无技巧转场

无技巧转场是指用镜头的自然过渡来衔接上、下两部分内容。无技巧转场的方法主要有以下 3 种。

① 利用相似物进行转场。比如上一个镜头是农民在果园里摘苹果，下一个镜头则是另一个人在买苹果。同样是拍苹果，但镜头已经从果园转到了市场。

② 利用强对比镜头进行转场。比如上一个镜头是人声鼎沸的超市，下一个镜头是安静的咖啡馆。

③ 利用声音进行转场。比如上一个镜头是街头艺人在表演《茉莉花》，下一个镜头跳转到剧院里正在演奏《茉莉花》。

在后期剪辑时不要小看这几个转场特效，它们虽然操作简单，但最后呈现出的效果很可能让人眼前一亮。

最后笔者给各位创作者推荐一本书——李杰著的《分镜头脚本设计教程》，想要学习更高级的镜头语言可去阅读这本书。

4.3 学会延时摄影，完美控制视频情绪

在绝大多数人的认知里，一天的时长就是 24 小时。但一条视频只有几分钟甚至是几秒的时间，抖音内容创作者是如何展现日子一天天过去的呢？

这里不得不说的就是延时摄影，延时摄影的出现在一定程度上改变了这种时长节奏。但大部分人对延时摄影的概念还很陌生，到底什么是延时摄影呢？

还记得小时候看的《动物世界》吗？里面总会有几秒的画面展示昼夜变化、四季交替、风起云涌等，这就是延时摄影。可以把延时摄影理解为缩时摄影，即把几分钟甚至几小时的画面浓缩成为几秒。

延时摄影可以大到记录斗转星移，也可以小到记录花开花落。那在进行延时

摄影时应该注意哪些问题呢？

1. 拍摄所需设备

只需要选用一部带有延时摄影功能的手机即可，如图 4-12 所示。

图4-12

在拍摄延时视频时，由于时间过长，为保证拍摄画面的稳定，最好选用三脚架作为支撑。

另外还要准备充电宝，以防手机在拍摄中途没电，起到给手机续航的作用。

2. 拍摄时的手机设置

延时摄影时手机应开启飞行模式，否则一个电话或一条信息都有可能会让摄影中断，这样创作者的拍摄就会前功尽弃。

3. 设定视频分辨率

和苹果手机不同，安卓手机在进行延时摄影时需要单独在延时摄影功能页面设置分辨率。可选择的视频分辨率为（16：9）720p，如图 4-13 所示。

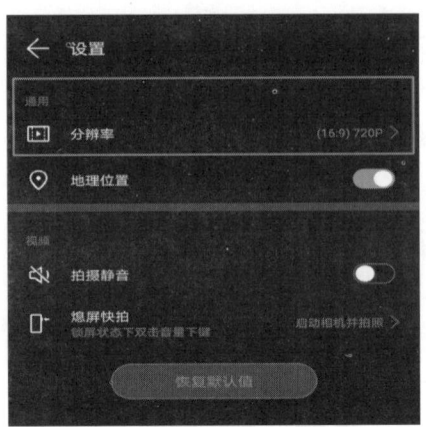

图4-13

4. 选择变焦倍数

为使手机视野能够更加开阔，可将变焦倍数调整为1x。

5. 对焦/曝光锁定

点击手机屏幕时，会出现需要对焦的对象。长按对焦区，屏幕中会出现"曝光和对焦已锁定"的提示。另外，可适当调节画面亮度，如图4-14所示。

图4-14

6. 计算好成片与拍摄时间

比如你要拍5分钟的车流，最后的呈现时长为5秒，在一开始就要选择60倍的延时摄影速度，成品时间（秒）=拍摄时间（分钟）×60÷延时摄影速度。

7. 动静结合

没有绝对的运动，也没有绝对的静止，所有事物的运动都是相对的。所以在进行延时摄影时，最好能够选取"一动一静"两个参照物。举个例子，拍美景时可以运用耸立的高山与湍急的流水的对比，拍人文时可以运用高楼大厦与车水马龙的对比。

延时摄影有着独特的审美价值，可以通过画面的快速变化形成强烈的视觉冲击，给观众带来全新的视觉体验，提供新的视角，感兴趣的创作者可以在拍摄时有意识地选用这个拍摄手法。

4.4 如何拍出好玩有趣的热门VLOG

VLOG（视频博客、视频网络日志）这个词最初出现在国外的视频网站上，整部短片就是一名外国人拿着DV机记录他一天的生活经历，简单概括为"遇见什么拍什么"。

VLOG的核心就是真实、即兴。但VLOG绝不是记流水账，VLOG展示的是真实的生活片段、观点表达、技能展示等。

"1000个人眼中就有1000个哈姆雷特。"那么1000个VLOG创作者的摄像机里也就有1000种VLOG流派。

提到抖音VLOG，你第一时间想到的是谁？笔者猜应该少不了"燃烧的陀螺仪""东北人（酱）在洛杉矶"等。

"燃烧的陀螺仪"的陀螺仪让粉丝感受到酷炫的技术流操作，"东北人（酱）在洛杉矶"让粉丝感受到了"乡村爱情式"的洛杉矶风格。

4.4.1 热门VLOG四大分类

现在的抖音VLOG无论是从品类质量还是品类覆盖程度上来看，都有很大的提升空间。对于想要拍摄抖音 VLOG 的创作者来说，现在是一个很好的时机。

笔者研究发现，目前抖音的 VLOG 可以分为以下 4 种。

1. 美食类

美食类 VLOG 的内容有很多，比如记录做美食的过程、记录品尝美食的过程，还有美食的"网红"吃法等。

2. 旅行类

旅行类 VLOG 是抖音最普遍、应用最广泛的主题之一，比如"房琪 kiki"的旅行 VLOG 日记。旅行 VLOG 更强调过程记录，内容可以是坐飞机、吃饭、住宿等各种琐碎的小事，也可以只记录目的地的所见、所闻、所感。

3. 学习类

由于抖音用户整体偏年轻化，所以考研、考公务员、考证的用户不在少数。在这类用户群体中有很大一部分人想要在抖音上寻求学习伙伴，期望彼此能相互加油鼓劲儿。因此学习类 VLOG 就成了抖音 VLOG 的主要主题之一。视频内容很简单，就是展现学习过程。

4. 恋爱记录类

爱情是永不过时的话题。恋爱 VLOG 的内容通常围绕情侣的日常相处展开，可以记录吃饭、逛街这种日常小事，也可以记录生日、纪念日这样的"大事"。

4.4.2 VLOG 内容创作四大框架

如果 VLOG 没有一个清晰的框架，那么很容易造成用户看不下去的情况。即使内容是平铺直叙的，也很容易让用户听得云里雾里。所以，想要拍摄一个完整的 VLOG 就要把视频脚本逻辑化、步骤化，这样不仅方便拍摄，同时也方便用户理解。

下面介绍 4 种 VLOG 内容框架。

1. 并列式

案例：分享几个与人相处的小细节，让你能够更受欢迎。第一条，向别人借钱，在还的时候要比约定时间早一点点；第二条，勇敢地说出自己的感受和需求，永远都不要用冷暴力，让别人去猜测你的心思；第三条，记住朋友的生日，可以设置一个闹钟做提醒，及时送上祝福，要真诚；第四条，经常问别人，不要总是说我觉得。

并列式的VLOG内容框架是最简单的一种，只需要把内容按照1、2、3……的顺序排列在一起就可以了。

不过特别要注意的一点是，内容要有主次之分，把重要的内容放在前面。因为用户一般只会记住视频前面几句话说了什么。

2. 递进式

案例：职场中，你为什么一定要学会打造个人品牌？因为在过去，努力工作通常会受到领导的表扬，被领导发现认可；但在现在的互联网时代，我们要学会运用互联网工具增加自己的曝光度，获取用户关注；在未来，个人品牌是一种商业模式，人人都应该拥有。

递进式的VLOG框架可按照过去、现在、未来，昨天、今天、明天，原因、经过、结果等逻辑顺序进行拍摄。

3. 对比式

案例：大部分男生都喜欢女生长发飘飘的样子，小部分男生喜欢女生短发英姿飒爽的样子。

最常用的对比方式就是正反对比、事物对比、观点对比，从两个方面分别去阐述一个主题，让用户掌握更全面的信息。

4. 总分总式

案例：为什么不要跟人争辩？其实古人在这件事情上已经讲得很清楚了。孔子的学生在外面扫地，遇见了一个人。这个人问他一年有几个季节，孔子的学生回答有 4 个季节，那个人说不对，只有 3 个季节。他们两个人争执不下，就到了孔子的面前，让孔子给个定论。学生以为自己赢定了，结果孔子说，一年有 3 个季节……这就是争辩的真相。两个人的经历不一样，视角不一样，性格不一样，见识也不一样，所以谁都无法说服对方。他们在一起争辩的时候，到底谁会赢？时间不值钱的那个人会赢。常言道，常与同好争高下，不与傻瓜论短长。

从上小学开始，老师在讲作文结构时就会提到"总分总式"，即在开场提出一个观点，中间对观点进行拆解分析，结尾扣题总结。

无论是拍摄多少秒的 VLOG，掌握并运用好这 4 种框架，视频内容将会更加清晰。

4.4.3　VLOG 创作三大热门文案技巧

当确认好内容框架后，接下来要做的就是创作出一个好的 VLOG 脚本。

通常可把内容分成 3 个部分，每一部分的字数控制在 30 ～ 70 个字，这样核心内容就在 40 秒左右。

内容文案常用的技巧一般有以下 3 种。

1. 排比

案例：看人不要用眼睛去看，因为容易看走眼；也不要用耳朵去听，因为有可能是谎言；只要用时间、用心去感受就行了，真的假不了，假的也真不了。

如果是长视频，在视频中间穿插几个排比句，在抓住用户眼球的同时，也能够抓住用户的听觉。

2. 具体

案例：准备牛肉和一些蔬菜，将老豆腐煎至金黄焦香；给新入的法格锅换上火锅盘，开始软化黄油，放入牛肉，把牛肉煎出香味；开始放各种素菜，像娃娃菜、茼蒿、金针菇、玉米、番茄、香菇、老豆腐；倒上寿喜调味汁，不用加水，素菜里的水分足够了。寿喜锅的汤真的太美味了！

"具体"就是把某一个事物或过程的具体细节描写出来，让用户听了描述之后，仿佛这件东西就在眼前、这件事就发生在眼前一样。

3. 引用

案例：某歌手参加一个比赛，有这样一段话挺激励人的："我曾经参加了很多比赛，别人都说我不行，太丑。我为此甚至想过去整容。后来觉得，你们说我不行，那我就唱到天下无敌，这样你们就只听声音，而忘记我的长相了。"这就是发自骨子里的自信，自信而不狂妄，接纳真实的自己，人生洒脱便要轻装上阵！

引用的文案多半是用在 VLOG 快结尾的时候，用名人名言做最后总结，以强化该 VLOG 的核心价值。

个人拍 VLOG 时大概的流程就是，确定主题—设计内容框架—填充主干内容—增添内容—引经据典—结尾价值升华。

VLOG 的核心是"记录真实"，不要有过重的表演痕迹，保持最自然的状态才是最好的。

4.5 学会这8招，新手也可拍出热门带货视频

带货视频最怕的就是用户看不出来这是条带货视频。如果用户看不出来你是要销售产品，何谈下单购买呢？

作为新手，没有经验，如何拍摄一条实物类带货视频呢？

4.5.1 找对标

目前抖音上的带货视频可分为以下三大类。

1. 测评类

这类作品的展现形式多为先吐槽某款产品，之后通过实验，客观地分析产品的优缺点进行评价，在帮用户"拔草"的同时获得用户的信任，进而达到销售所推荐产品的目的。

2. "种草"类

这类视频有两种展现形式：一是将产品的核心功能拍成好玩有趣的视频，通过自身购买的经历或自己真实使用的经历激发用户的购买欲望；二是通过剪辑手法将产品的卖点描述出来并加以评价，这种形式有点像电影解说。

这类视频以"种草"突出产品卖点为主，视频开头大多为"快把你家的×××扔了吧"。以垃圾袋为例，文案就是"快把你家的垃圾袋扔了吧"。然后将传统垃圾袋与要推广的垃圾袋做对比，比如传统的垃圾袋存在爱漏、不好拎等问题，视频就主要突出要推广的这款垃圾袋是如何解决这些问题的。

3. 人设 + 剧情类

目前抖音上的剧情类带货视频大部分是 MCN 机构孵化的，通过情景剧的形式来销售产品，在视频中植入产品信息。剧情类的拍摄方式其实并不适合普通人，因为剧情类视频对脚本、视频画面要求比较高，没有 MCN 机构孵化的普通人是很难拍出高水准的剧情类视频的。因此，我们在选择对标账号时尽可能地选择测评类和"种草"类的带货账号。

那如何找到和自己同领域的带货账号呢？

本节向创作者推荐一个小程序"卡思带货参谋抖商版"。在其中可找到各领域的热门带货视频，可选择其中点赞量高、热度高、容易模仿的视频进行还原，如图 4-15 所示。在这个小程序中除了可以查看各品类的带货视频，还可查看当前热度较高的品牌以及带货达人们都在推广什么产品，创作者便能更好地选择视频要带什么货。

图4-15

4.5.2 罗列产品卖点

大多数的销售人员都会犯同一个错误，就是一说到产品卖点就把所有卖点都罗列出来，仿佛这款产品是世界上功能最齐全的，以为卖点越多，销量越高。但其实销量就是个数字。大家都希望1后面能增添无数个0，但是没有这个1，后面有再多0都是没有意义的。

所以在介绍一款产品时要能突出产品的核心卖点，宣传能够满足用户核心需求的产品价值。用户看带货视频，是要决定是否购买这款产品，而不是来听产品培训的。用户不需要在视频里了解产品的所有功能,而且15秒的视频时长也不支持视频创作者把所有卖点全部罗列出来。卖点在精不在多!卖点的提炼是基于对用户消费习惯的认知来做的加减法。通常最多提炼出3个最能体现产品价值、最能打动用户的卖点,然后用镜头语言表达出来。创作者在提炼产品卖点时可以参考以下3个标准。

1. 产品卖点的刚需性

创作者在提炼产品卖点时一定要把自己想成用户,当自己看到这款产品的卖点时,是不是非买不可?水果是多数用户生活中必不可少的东西,属于刚需类产品。以樱桃为例,大、红、甜、多汁是其最大的卖点。

2. 卖点需求的重复频率

上门开锁,是不是刚需?肯定是,但是它的需求频次并不高。因为打不开家门这样的事的发生概率比较低。就像抖音视频里销售的冰箱、洗衣机一样,能卖出去吗?能,但是销量不会特别高。毕竟这种大型家电的需求频次太低了。所以在拍带货视频时最好选择用户需求频次高、易消耗的产品,比如洗衣液、洗面奶、香皂、零食等。

3. 卖点的精准用户规模

产品市场有多大,很大程度上决定了产品能卖出去多少。所以在带货之前,一定要了解这款产品的"天花板"有多高。如增肌粉,就只针对健身人群中想增肌的人。而蛋白粉就可针对小孩、青年、中年、老年4个不同年龄阶段的人群,覆盖范围更大。

4.5.3 "蹭"热门事件、紧跟热点

拍摄任何类型的短视频都应该学会"蹭"当前社会中的一些热点,增加视频的曝光机会。带货视频也是如此。如李佳琦直播间的不粘锅"翻车"事件,可以说大部分卖不粘锅的人在"蹭"这个热点,纷纷拍视频展示自家的不粘锅的确不粘锅。

创作者可以每天在抖音的"人气好物榜"上查看排名前30的产品，看这些产品的视频是怎么拍的，"蹭"了哪些热点，提取出来用到自己的视频里。如"雅南阁"发布的"挑战五套汉服换装比心"的视频，就是"蹭"了抖音上很热门的"卡点比心"视频的热点。

4.5.4 增加爆点

一条视频为什么会受欢迎？这里就不得不再次提到抖音平台的算法逻辑。抖音平台讲究内容为王，只要内容好，平台自然会给视频推送流量。视频受欢迎就是因为它有某一个点能够被用户记住，吸引到了用户。这里给创作者提供了5种增加爆点的技巧作为参考。

1. 场景塑造法

限定某一场景，圈住一部分用户，如："女生约会前千万不要用这款漱口水，因为用完之后嘴巴真的超级香。"文案说女生千万别用，难道男生就可以用了吗？虽然场景限定在"约会"，但是朋友聚会、面试这种需要和别人交流的场景就不可以用了吗？你说千万别用，我就不能用了吗？这些问题都是通过这样短短一句文案引申出来的，而这些点又激发了用户在评论区留言的欲望。再比如"踢瓶盖"挑战赛，参赛作品有蒙眼踢瓶盖、挖掘机横扫瓶盖、跑车漂移踢瓶盖等。

2. 醒悟法

让用户突然明白一个道理，或者学会一个技巧，如："这么多年的牙白刷了！本人亲测这个刷牙方法真的有效。"虽然视频是在展示刷牙技巧，但实际上是在销售牙膏。

3. 秘密法

偷偷告诉用户一个方法，让用户产生探听到秘密的心理，如："悄悄告诉你，千万别告诉你的闺密。这款唇釉的颜色实在是太好看了。"用户看完这条视频之后会不会告诉闺密？

4. 欲擒故纵法

先告诉别人不要买，然后进行转折，如："刚跟男朋友说不要买这款香水，没想到慢了一步。我喷上以后闺密就来问我要链接了。""可别再买了，满两斤送一斤，总共3斤，也就20块一斤。"

5. 揭秘法

通过揭秘某一种现象，让用户对视频产生兴趣，如："为什么现在的女生都这么高？原来她们穿了隐形增高袜，穿上鞋完全看不出来。最重要的是一下子增高了4～5厘米。"

一条视频里的爆点越多，视频受欢迎的可能性就越大。创作者可以叠加使用以上的技巧，增加视频爆点。

4.5.5 黄金3秒抓人眼球

"黄金3秒原则"——99%的用户在视频播放到第3秒前就划走了。

视频前3秒的内容几乎决定了用户是否点赞、评论、转发甚至产生购买的欲望，可以说视频前3秒决定了视频的"生死"。

能够抓住视频前3秒的前提是能够把控产品卖点，不用多，一个即可。如咸鸭蛋的卖点是流油，哈密瓜的卖点是甜，雨伞的卖点是便携，等等。除了把控产品卖点外，还有就是如何用镜头语言把卖点凸显出来，让用户看到之后不想划走。

1. 细节法则——用近镜头展示细节

以鸭蛋为例。仅凭外观很难判断出鸭蛋是好是坏；只有在切开之后，将镜头拉得足够近或者在微距模式下展现出蛋清与蛋黄的细节，才能够让用户放心购买。最好是能够拍出蛋黄流油的细节，让用户对鸭蛋更加感兴趣。

2. 颜色法则——突出颜色对比

很多产品的新鲜度从颜色上就可以看出来。如同样是橙子，新鲜的橙子与放了很久的橙子在颜色上有明显的差别。因此，创作者可以通过突出产品的颜色对比来进行拍摄。

3. 动作法则——利用动作效应，突出卖点

很多产品无须语言描述，一个动作即可展示该产品的核心卖点。很多用户觉得用刀将蒜头切成蒜末是很麻烦的事情，但有了捣蒜末"神器"以后，将剥好的蒜头放入机器里，轻轻一拉绳，里面旋转的刀片就会自动将蒜头绞成蒜末。"轻轻一拉绳"的这个动作就将产品卖点很好地展示了出来。

4. 场景法则——强化背景烘托

视频在哪儿拍对于带货视频来说也是至关重要的。比如，樱桃最好是在樱桃园里拍摄，拍摄从树上摘下来的过程；菜刀最好是在厨房里拍摄，展示刀刃锋利、切东西很快等特点。产品要对应合适的场景，才能增添真实感。

5. 组合法则——体现造型美

当产品杂乱堆放时，通常毫无美感可言，但排列组合成特殊形状，可以让产品呈现出一种和谐美。比如视频内容同样是做蛋糕，对于标准形状、汽车形状、婚纱形状的 3 款蛋糕，用户一般会对汽车形状、婚纱形状的蛋糕更感兴趣。这也是为什么超市搞促销时，总爱将产品摆成各种形状。

6. 人物法则——突出信任感

如何让用户对一款产品迅速产生信任感？最直接的办法就是视频中的人物亲自测试。比如一款面膜，是直接敷到脸上的展示效果好，还是单纯介绍成分好？在视频前 3 秒展示敷面膜的过程也可以，展示敷完面膜的效果也可以，重点在亲自试用。

将产品卖点在视频前 3 秒展示出来，带货效果会有明显的提升。

4.5.6 人物神态、服饰、道具、场景

一条成功的带货视频一定离不开人物神态、服饰、道具、场景这 4 个元素。

1. 人物神态

一个人在不同情况下所展现出来的神态通常是不同的，如受到惊吓时通常不是面无表情的，可能是惊恐的、惊慌失措的；开心时的神态通常不是号啕大哭，

可能是笑呵呵的。视频内容是什么样的人物设定，人物就要有什么样的神态。不是每一个人都能够成为"网红"的，创作者要根据自己或演员的镜头表现力来拍摄视频。镜头表现力差一些的重点拍摄产品，镜头表现力好一些的可以兼顾人设的塑造和产品的拍摄。

2. 服饰

一提到传统上海女性穿什么，你脑海中的第一反应是不是旗袍？一提到医生穿什么，你脑海中的第一反应是不是白大褂？一提到保险从业人员穿什么，你脑海中的第一反应是不是白衬衫？

服饰可以起到增强用户对人物设定的信任感的作用。比如卖玉石的，服饰就可以选择稍微贵气一些的礼服或旗袍；卖农产品的，服饰就可以选择稍微有地方特色一些的T恤或棉袄。根据账号卖的产品决定视频中的人物穿什么。

简单介绍一下挑选演员时应注意的点：一是要放得开、不拘谨，不畏惧镜头，表演自然不做作；二是最好有一技之长，比如能说会道；三是懂配合，能够很好地配合摄影师进行视频拍摄，会找角度、懂基本的走位。

3. 道具

在短视频中的道具有大有小，是不可忽视的存在。一般拍摄人物穿旗袍的视频，都会搭配一枚团扇，旗袍虽然很美，但只有跟极具古典意味的团扇搭配，才更能体现出衣服本身的韵味。视频中的人物轻执团扇，掩面而笑，半露的眉眼和唇角都是风情，瞬间就能营造出含蓄、古典的美感，激起用户的购买欲望。如果没有这把扇子，这个画面就会失去很多韵味。

4. 场景

一条短视频就是由多个不同的场景组成的。一个好的场景能够烘托气氛，让用户快速入戏。比如拍恐怖片时一般会选择在烂尾楼或深山老林里。用户一看到这种阴暗角落的场景就知道接下来的剧情会比较恐怖。同时一个好的场景也能够更好地塑造人物形象。比如护士一般会出现在医院，空姐一般会出现在飞机上。

所以在选择场景时一定要符合人物自身的设定。

4.5.7 产品展示逻辑

想让产品达到更好的展示效果，产品展示就要有一定的逻辑顺序，不能想到什么拍什么。

产品展示逻辑可分为以下 3 种类型。

1. 痛点 + 产品

带货视频可先将痛点展示出来。比如"牛肉哥"的视频一般都是选择先突出价格优势——"原价 170 元的 MAC 口红在我直播间只要 149 元"。

价格就是痛点，MAC 口红就是产品。部分愿意买口红的女生可能会因为口红的价格望而却步。同样颜色的口红，可以花 170 元买到 MAC 口红就不会花 310 元买 Amani 口红，更不会花 450 元买 Tom Ford 口红。当在拍摄带货视频时，创作者可以将价格放在开头，用户可能会直接被低价或巨大的优惠所吸引。当用户为价格停住脚步时，多半也会听完后半部分的产品介绍。

2. 痛点 + 效果

以颈霜为例。视频开头展示出一个人的布满颈纹的脖子，配上一句"你是否也像我一样被颈纹困扰"的文案，前 3 秒就把痛点展示出来，接下来展示颈霜的效果。凡是有颈纹困扰的用户可能都会停下来看完这条视频。

3. 效果 + 产品

看过李佳琦直播的用户都知道，他在介绍产品时很少介绍产品原料。比如唇膏，他的重点放在把唇膏涂上嘴唇之后的效果，而不是唇膏的成分。再比如香水，他的重点放在把香水喷在身上之后的味道，而不是香料的配比。所以你在拍带货视频时，也可以采用这个产品展示逻辑，重点突出产品的使用效果。

4.5.8 拍摄手法、角度

参考同类账号热门视频的方法是创作带货视频最简单的方法，一部手机、一个手持稳定器就可以上手进行拍摄了。简单的带货视频不需要创作者掌握太多的镜头语言，前期只需要多参考同类视频即可，但在后期需要不断地创新，突破原视频的限制。

当然如果想要让视频更加精致有趣、与众不同，给用户不一样的感觉，后期创作者还需要学会分镜、转场、运镜、卡点等基础操作，可以根据本章中提到的一些拍摄技巧进行实操，这里推荐一本书——《分镜头脚本设计教程》，感兴趣的创作者可以买来细细研究。如果实在学不会拍摄方法，笔者建议找专门的拍摄团队来做专业的事情。

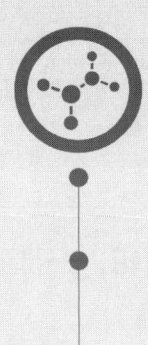

第 5 章
手机剪大片

随着短视频平台的发展，越来越多的人想要和大众分享自己的美好生活。但想要发布视频，掌握剪辑技能必不可少。

5.1 视频剪辑，一部手机就够了

一提到视频剪辑，很多新手就头疼，其实剪辑抖音视频，一部手机就够了。想要剪出一条热门视频，首先要做的就是确定剪辑方案，其次是确定剪辑风格，最后进行剪辑工作。只有完成这一系列的操作，最终剪辑出来的视频才可能达到预期的效果。

使用手机剪辑视频的详细流程如下。

① 确定剪辑工具。手机应用商店里的手机视频剪辑软件五花八门，但是功能实用、操作简单的很少，笔者把平时用的几款视频剪辑软件分享给读者，希望对读者有所帮助。

乐秀视频编辑器。这款视频剪辑软件功能非常多，包括超级相机、视频剪辑、动态字幕、海量模板、格式转换、压缩视频等。它的不足之处就是部分功能只有开通会员才能够使用。

猫饼。这款剪辑软件功能也很强大，包括增加和调节滤镜、字幕、变速、"鬼畜"效果、音乐、画面等的相关功能。VLOG 类视频可直接用猫饼拍摄。

巧影。使用这款软件的技术要求比较高，色度键调节、抠图、绚丽滤镜、音频调节、多图层等功能需要有一定视频剪辑知识者才能使用。

剪映。剪映是笔者使用频率最高的手机视频剪辑软件，而且剪映是抖音官方推出的一款手机视频剪辑软件，功能较为全面，操作简单易上手，适合剪辑新手使用。

② 确定视频要求，比如视频时间长短要求、视频最终呈现效果等。

③ 确定视频剪辑侧重点。视频拍摄是按照脚本一步一步进行的，但并未标注重点。比如拍摄的视频素材全部都是关于美食的，有制作过程、有试吃过程、有讲解过程，那势必就要确定剪辑重点是制作过程、试吃过程还是讲解过程，以便突出视频亮点。

④ 确定视频成片效果。片头内容呈现什么，所用时间是几秒；片中内容呈现什么，所用时间是几秒；片尾内容呈现什么，所用时间是几秒。这些都是需要确定的内容。

本章就来介绍一下如何利用剪映进行视频剪辑。

① 在应用商城搜索并下载剪映 App，如图 5-1 所示。

图5-1

② 打开剪映 App，点击"开始创作"，如图 5-2 所示，导入想要剪辑的视频文件，就可以开始抖音短视频的剪辑工作了。

图5-2

5.2 如何制作热门视频封面,快速吸引用户

制作短视频封面这个步骤是最容易被短视频创作者忽略的。当用户对抖音推荐流量池里的某一条视频感兴趣时,用户就有可能点击创作者头像进入其主页。

进入主页后,创作者的其他视频能否被用户点击观看,第一决定因素就是封面。封面要经过精心设计制作,达到吸睛效果,才能够在众多视频中脱颖而出。

那该如何制作短视频的封面呢?

第一种方法,选择图库中的素材作为封面。

① 打开剪映 App,点击"开始创作",如图 5-2 所示,导入想要剪辑的视频。

② 将白色竖线拖到视频最前面,点击"+",如图 5-3 所示,在手机图库中选择想要作为封面的图片。拖动

图5-3

第 5 章
手机剪大片

图片最右端，调整图片播放时长，时间控制在 2 秒以内。这样一张视频封面图就很快制作完成了。

第二种方法，选择视频中的某一帧画面作为封面。

① 打开剪映 App，点击"开始创作"，如图 5-2 所示，导入想要剪辑的视频。

② 导入视频后，选取要成为封面的画面，将白色竖线定位到所选画面处，再点击下方的"定格"，如图 5-4 所示。

③ 将定格后的画面拖到视频最左侧，将白框内的画面缩到最短，这一截就是封面图，如图 5-5 所示。

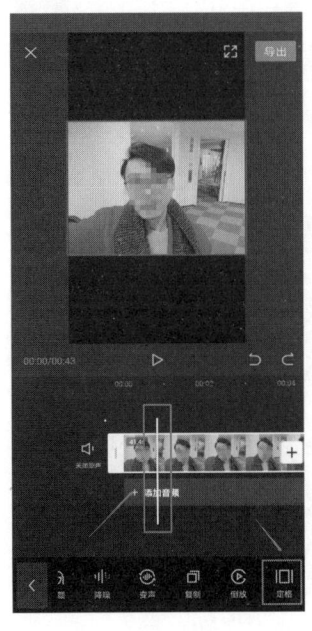

图5-4

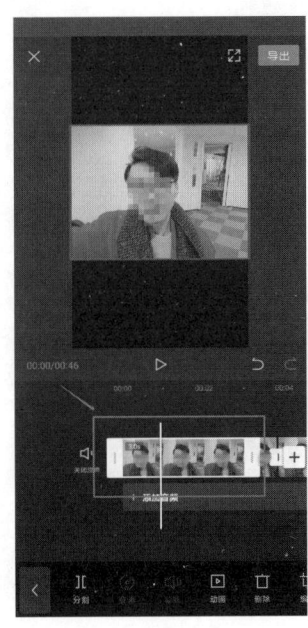

图5-5

5.3 学会这招，让你3秒搞定视频字幕

在观看没有字幕的短视频时，经常会发生用户听不清人物说话的情况，这时

就需要为视频添加字幕，保证几乎所有观看该条视频的观众都能够明白视频想要表达的意思。如何借助工具快速搞定视频中的字幕问题呢？

① 打开剪映 App，点击"开始创作"，如图 5-2 所示，导入想要剪辑的视频。

② 点击下方的"文本"，如图 5-6 所示。

③ 点击下方的"识别字幕"，如图 5-7 所示。剪映 App 会自动对视频中的语音进行识别。

图5-6

图5-7

④ 检查字幕中是否存在错字、漏字等情况，如图 5-8 所示，进行细节调整。

⑤ 如果没有配音，那么就点击下方的"文字"，然后点击"新建文本"进入文字编辑页面，进行输入文字、调整文字样式等操作。完成之后点击"√"即可，如图 5-9 所示。

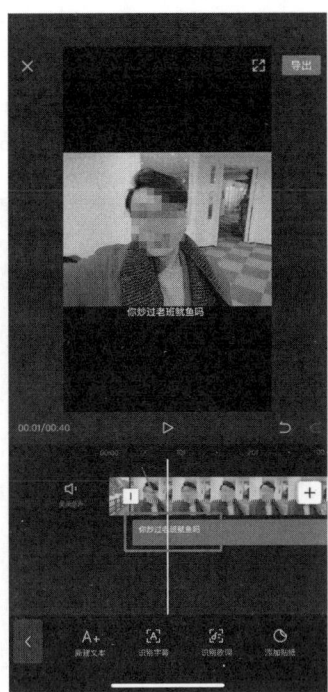

图5-8

图5-9

⑥ 添加完成后，点击红色部分，字幕即可添加到对应的视频画面中。拖动白色竖线到下一段视频中，重复第五步操作，如图 5-10 所示。对之后的画面重复进行添加字幕的操作，即可给视频的每一帧画面添加字幕。

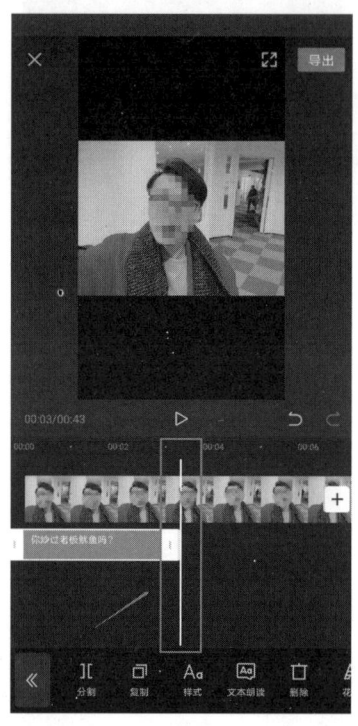

图5-10

5.4 如何添加热门音乐，助力视频获得高热度

视频想要获得高热度就需要有一个合适的音乐来衬托。合适的音乐可以起到提升视频整体效果的作用，可以更好地让用户与视频内容产生共情。如何为视频添加热门音乐呢？

① 打开剪映 App，点击"开始创作"，如图 5-2 所示，导入想要剪辑的视频。

② 首先点击视频前的"关闭原声",如图 5-11 所示,然后点击"音频"中的"音乐"。

③ 剪映 App 中有多种类型的音乐可供选择,根据短视频内容与自身喜好选择喜欢的音乐,并点击"使用",如图 5-12 所示,这段音乐就被添加到视频里了。

图5-11

图5-12

④ 如果音乐时长大于视频时长,这时候就需要点击一下音乐,并点击下方的"分割",如图 5-13 所示。

⑤ 点击选择后面多余的部分,并点击页面下方的"删除",如图 5-14 所示,多余的部分就被删除了。

如何使用抖音上的其他创作者的音乐?在选择音乐时,选择"导入音乐"可以看到下方有"链接下载"以及"提取音乐"，如图 5-15 所示。"链接下载"需要将对方抖音作品的链接复制到下方的文本框中进行下载，"提取音乐"是从相册中选择已经下载好的抖音视频进行音乐提取。

图5-13

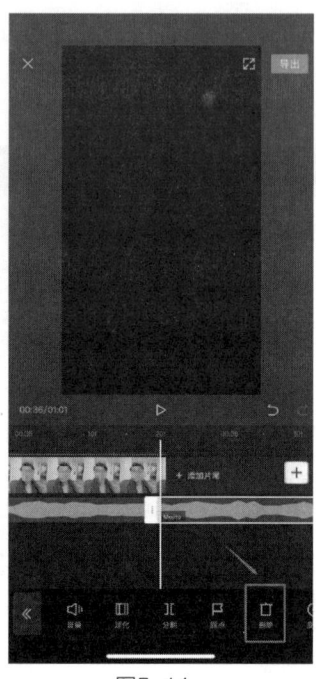

图5-14

图5-15

5.5 掌握万能调色模板，让你的视频更加高清

由于光线问题，很多视频拍摄出来画面会很暗淡，最终呈现出的画面效果不太好。这个时候就需要对视频进行调色，那么如何借助剪映 App 让视频画面更加清晰美观呢？

① 打开剪映 App，点击"开始创作"，如图 5-2 所示，导入想要剪辑的视频。

② 点击下方的"调节"，如图 5-16 所示。

③ 在页面的下方有许多个选项，比如亮度、对比度、饱和度等，如图 5-17

所示。根据实际情况点击不同的选项，对视频进行调节。

④ 点击调色框的开头处或结尾处，对它进行左右移动，如图5-18所示，可以调节调色的范围。

图5-16

图5-17

图5-18

5.6 引导关注的片尾制作方法，为"涨粉"助力

在刷抖音时，用户经常会看到有些视频结束后，会有一个带有头像的片尾，引导用户关注账号，那这个片尾是如何制作的呢？

① 打开剪映App，点击下方的"剪同款"，如图5-19所示。

② 在搜索框中输入"关注"，如图5-20所示，可看到多种引导关注的模板。

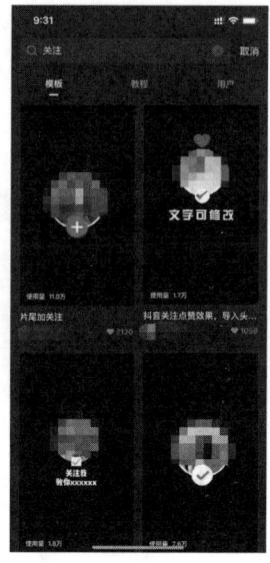

图5-19　　　　　　　　　图5-20

③ 创作者可以选择自己满意的模板，点击右下方的"剪同款"，如图5-21所示。

④ 选择要使用的账号头像，点击"下一步"，制作完成后点击"导出"即可，如图5-22所示。

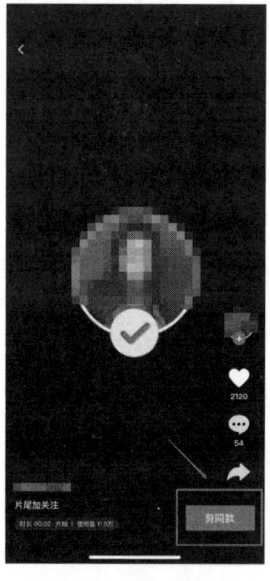

图5-21　　　　　　　　　图5-22

5.7 卡点类带货视频的手机剪辑方法

抖音是一个注重音乐感的平台，卡点音乐能够让用户的注意力跟随音乐节拍的变化而变化，在抖音上占据着重要的地位，作为创作者绝不可忽视这类视频的制作。

① 打开剪映 App，点击"开始创作"，如图 5-2 所示，导入想要剪辑的视频。

② 导入完成后，在最下方的菜单中选择"音频"，然后选择自己喜欢的卡点歌曲资源，如图 5-23 所示。

③ 进入卡点曲库中，首先选择音乐并对音乐进行下载，然后点击右侧的"使用"，如图 5-24 所示，将其应用到当前视频素材上。

④ 打开卡点功能后，在界面左侧可以看到一个"自动踩点"选项，打开之后就能将每次卡点的节奏用黄点标注出来，如图 5-25 所示。

图5-23

图5-24

图5-25

⑤ 对需要剪辑的素材进行拖动，让它符合黄点的节奏，如图 5-26 所示，然后对视频进行导出即可。

图5-26

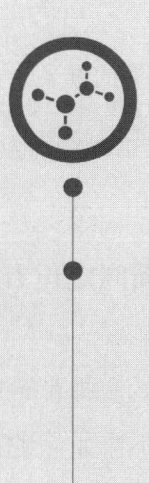

第 6 章
带货直播的四大前期准备

一场成功的带货直播，离不开前期的准备工作，只有把前期的准备工作做好，才能在直播过程中有条不紊，减少直播过程中的"翻车"事故。

6.1 直播间定位五部曲

2020年是直播大放异彩的一年，主播带货已经成为品牌营销的新趋势。各大商家想要进入电商直播领域，却不懂如何进行直播间定位，直播七八个小时才卖出十几单。本节就从5个方面帮助主播对直播间进行定位，让直播间流量更加精准。

6.1.1 主播人设定位（我是谁）

不懂得定位的主播，基本上已经确定没有未来。

什么是定位？

定位一定是去做最适合自己的、自己最擅长的、比竞争对手有优势的、能够遵循定位长期发展的事情。直播间的定位与最终的成交，有着息息相关的联系。

在开始直播前，主播需要对自己有一个明确的规划，明确自己所擅长的或者是自己期望并且可以达成的发展目标，清晰自己的定位，能够持续地输出专业内容，具备丰富的知识储备（包含但不限于专业知识），打造属于自己的个人属性标签。

一个优秀的主播，一定是具有独特的个人魅力的；无论是带货主播还是娱乐主播，都需要有定位、有人设、有特色，永远是先营销个人，再营销产品。

用户会被什么样的主播吸引，帅气的还是有趣的？打造主播人设最重要的就是给主播贴上个性鲜明的标签，让用户快速认识主播并成为主播的忠实粉丝。

不一定每个主播都有人设，但是成功的主播必然有自己的人设定位。比如李佳琦在进入直播行业前，在欧莱雅柜台做了3年彩妆师和导购，所以他对彩妆领域非常熟悉，也非常专业。当他进入电商直播，选择彩妆领域时，所定位的人设就是"一个比女生还懂口红的男人"，自然能够获取大量用户的信任与追随。因此每位主播都要有一个非常清晰的定位，做自己擅长的内容，慢慢形成一个个性鲜明的标签。

打造主播人设就要找到适合主播的人设定位。

什么是个人IP？人设即IP，IP即人设。

具体而言就是一个人的价值被内容化、标签化，在进行宣传展示以后所形成的能够被特定用户、特定人群所认可的、特有的、能够影响这类人群的形象，并且能够在他们的意识中占据一定位置的综合反映。个人IP属于一种无形资产，可以快速地与周围的人产生连接、建立信任、带来溢价、产生增值。

人设的构成主要包括：身份地位（创始人、发起者、传播者、联合创始人、从业者、专家）、形象（统一、专业）、性格（内向、外向）、风格（霸气、居家、气质、淑女……）、专业能力等。主播的人设打造并没有想象中的难，早期可以从性格特点、口碑评价、特长爱好、职业和职位4个维度来塑造，让进入直播间的用户能够被主播所吸引并留下深刻的印象，从而愿意关注或订阅主播的直播间，成为主播的忠实粉丝。简单来说，人设打造就是回答我是谁，做什么的，提供什么服务，有什么样的优势、形象与个人属性。

适合新人带货主播的人设如下。

① 工厂、供应链源头、品牌方、企业或公司的老板、高管、销售人员。

② 批发市场档口批发商、实体店店主、店长、销售人员。

③ 农村基地、自加工农产品的经营者、销售人员、村播。

④ 本行业的专家、专业培训老师、干货分享者、经验分享者。

⑤ 好产品、好服务、好人、好事、好物、好去处的推荐官和分享者。

⑥ 商家、热门产品推手和卖手。

⑦ 渴望提升自己的言谈举止的综合能力、情商表达能力的群体。

对主播人设定位做出选择后，尽量不要轻易改变定位。人设标签不用多，2～3个就够了，太多的人设标签等于没有标签。

作为新人主播，主要从两个方面进行前期的个人形象打造。

① 看：为主播确立特定的服饰着装风格，增强人设传达。比如，蔡萝莉在视频中的衣服风格就是以洛丽塔衣服为主，符合小女生娇娇俏俏的感觉，与萝莉人设相匹配；再比如李子柒在视频中的衣服风格主要以简约的古装为主，跟打造的田园中国风的人设IP相匹配。

② 听：设计固定的开场白和结尾，夸张化主播的语气语调（让用户记住是第一优先）。简单来讲就是可以让用户因一个关键词或者一句话记住主播。主播可以利用一些外显的方式来增强用户的感知。如李佳琦的"OMG［网络用语，是Oh My God（"我的天哪"的意思）的英文缩写］，买它买它买它"，papi酱的开场白"大家好，我是papi酱，一个集美貌与才华于一身的女子"。

作为一名新人主播，需要在直播过程中不断地积累经验，提升专业度，深耕自身所处的垂直领域。比如说主播是卖海鲜的，最好的展示场景是海边、码头、海鲜店、海鲜加工厂等；如果主播是卖农产品的，最好的展示场景是农产品基地。同时主播的形象还需要与产品协调起来，是卖海鲜的最好不要穿得西装革履，是卖农产品的最好不要穿得花里胡哨，卖知识产品的最好不要穿得破破烂烂。

直播的主体也需要与人设紧紧吻合，假设主播是一名育婴师，那除了可以选择穿着白大褂来增加专业度，更应该从内容层面提升专业度，如直播婴儿吃什么最有营养、婴儿常见的护理问题、哪些游戏可以开发婴儿的智力等，让用户感觉在这个领域主播是一个可信任的专业人士，有了信任，成交才能更顺利。

6.1.2 用户画像定位（面对谁）

直播带货并不是说，只要主播开直播就会有转化，直播带货的基础是用户对主播的基本信任，如果主播连基础的用户画像都不清楚，直播带货根本无从谈起。

第 6 章
带货直播的四大前期准备

直播带货的目的是销售产品,但并不是所有的人都对主播推荐的产品感兴趣,这时就需要主播对用户人群进行管理、分析,做好用户画像的定位。

什么是用户画像?

用户画像是建立在一系列真实数据之上的目标群体的用户模型,根据用户的属性及行为特征,抽象出相应的标签拟合而成的虚拟形象,主要包含基本属性(性别、年龄、地域)、社会属性(收入水平、职业)、行为属性(购物偏好、理财偏好)及心理属性(注重性价比、养生)等。用户画像是将一类有共同特征的用户聚类分析后得出的,因而并非针对特定个人。如李佳琦会在直播间喊"所有女生"而不是喊"所有男生",就是因为李佳琦的粉丝群体中多数是年轻爱美的女性。

主播在直播间对用户说的每一句话,都是经过精心策划的。这就是我们为什么要去分析用户画像——知道用户是谁,才能更好地提升转化率。

那主播该怎样分析用户画像呢?可以从 3 个维度入手,分别是信息画像、行为画像、分群画像。

信息画像指的是用户的基本信息,包含地域、性别、收入水平、婚姻状况、家庭、职业、资产、消费水平等。行为画像指的是用户与产品相关的网络行为,如用户的浏览习惯、购物类型、访问时长、使用频次、消费记录、购物偏好、行为轨迹等。分群画像指的是细分用户群体,根据产品业务的需求,给具有共同业务特性的用户贴上标签并进行聚合,以划分出群体画像。

而这些主播都可以利用工具来进行系统的分析,如飞瓜数据、抖大大、婵妈妈等。

主播可以借助飞瓜数据抖音版进行查看,在飞瓜数据抖音版主播详情的"粉丝特征分析"中,可以直观地了解到用户的性别、年龄、地域等情况,如图6-1所示。主播还可以通过对对标账号的用户画像进行解读,从而明确主播自己账号的目标用户画像。

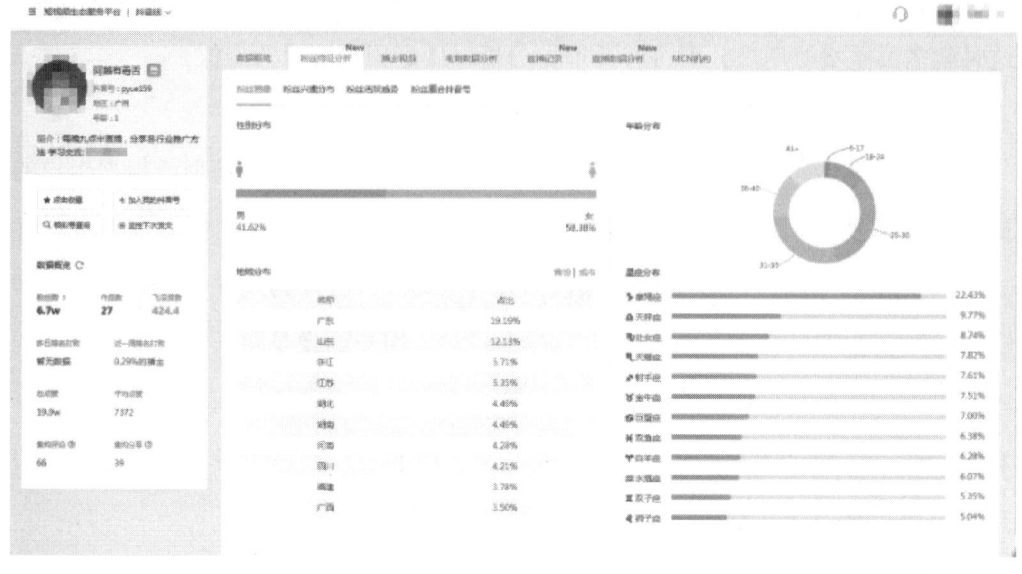

图6-1

同时主播还可以通过飞瓜数据抖音版的"粉丝活跃趋势"了解用户的活跃时间，从而有针对性地调整作品的发布时间或进行直播，达到更精准吸引用户的目的。主播通过"粉丝特征分析"可以看到是哪个年龄层、什么样的用户在观看视频。这个用户画像是否是主播所需要的目标用户画像是判断一条视频能否成功"涨粉"的重要因素，方便创作者随时调整内容创作方向。

如主播是卖轻奢女装的，针对的用户画像就是集中在一二线城市、收入水平中等以上、喜欢穿衣打扮的20～35岁的女性。这个用户画像如果与账号的"粉丝画像"相吻合，那转化率就会提升一大截；如果与账号的"粉丝画像"不匹配，就需要主播重新定位目标用户。

6.1.3 产品格调定位（提供什么样的服务或产品）

直播带货最重要的就是直播产品的选择。

产品的格调决定目标人群的消费能力、购买力度、消费频次……

无论是商家还是主播，所能提供的产品及服务，构成了产品格调的重要组成部分。

在市场经济下每天都会有各种各样的新产品上市,作为商家、主播该如何去定位产品的格调呢?

产品格调决定了购买人群,决定了直播间的整体定位。新人主播应尽量遵循小而美的原则,这里不是说产品要小,而是选择产品时,要做到风格统一。

1. 品类定位

直播间产品品类统一,流量才会更加精准。产品风格统一有利于吸引精准用户群体,提升产品的转化率。假设用户喜欢吃零食,他会在抖音搜索零食,如果正好搜到主播的账号并进行了关注购买,这就是精准用户。抖音的算法机制是用户越喜欢什么就越推荐什么,用户喜欢零食,抖音平台就会把跟零食相关的视频、直播推荐给用户。如果主播的产品风格不统一,一会儿卖零食、一会儿卖护肤品、一会儿卖电子产品,那么平台是没有办法对账号进行有效推荐的,因为平台也不清楚这个账号究竟是做什么的,在推荐时精准用户所占的比例就会下降,从而造成用户流失、转化率下降。

当然商家不可能只生产一件产品,主播也不可能只销售一件产品,但在前期还是应尽量统一产品类型,积攒固定的用户群体,之后再慢慢扩大。像京东最早积累的是一批爱好电子产品的粉丝,淘宝最早积累的是一批爱好平价女装的粉丝,拼多多最早积累的是一批爱好便宜水果的粉丝,它们也都是在积攒了一定的基础流量之后,再慢慢扩充产品,成为一个全品类平台的。

2. 产品档次定位

对产品档次进行定位,能让用户一想到主播,就知道主播经营的是高端产品,还是低端产品,无形中为主播筛选好了目标用户。主播面向的用户是偏好高端产品的,那自己销售的产品就应该是高端的;面向的用户是偏好低端产品的,那自己销售的产品就应该是物美价廉的。抖音上的主播,有卖几块钱的日用品的,也有卖几百块钱的衣服的,还有卖几万块钱的包包的,但很难看到一个新人主播可以横跨这些类目和价格进行带货，所以新人主播一定不要抱有所有人的生意都要做的想法，找准一个定位为一类人群服务是较明智的选择。

3. 产品价格定位

产品的价格决定着用户的购买力。这里给主播们 3 个参考意见。

（1）参考同行的定价

搜集 100 位销售同品类产品的其他主播的价格区间，选取中间价位。

（2）结合产品质量确定产品价格

不同层级的用户消费的侧重点不同，高质高价、物美价廉、物有所值所对应的用户层级是不同的，分别是高端消费群体、低端消费群体、中端消费群体，但大多数用户还是比较注重产品的性价比，所以要把产品的价格与质量结合起来。

（3）产品价格不要相差太大

最好不要出现主播今晚直播卖的产品价格是 9.9 元，明天直播卖的产品价格是 9999 元，这很容易导致目标用户群体标签混乱，不利于成交转化。主播卖 9.9 元的产品，用户很可能是因为产品实惠才购买的；第二天卖 9999 元的产品，对用户来讲太贵了，很可能就打消了购买的欲望。对于新人主播来说，直播间产品单价不要过高，50～200 元是抖音直播间最容易出单的价格。

4. 产品形状包装定位

包装精美的产品可能更容易受到用户的青睐，同样的商品以同样的价格销售，用户更愿意购买包装更精美的那款产品。

很多主播所带的产品为家乡的美食、特产等。这类产品承载着文化、寄托着感情，使产品格调得以升华。在外漂泊多年的异乡人，经常会惦念家乡的美食。因此这类产品的转化率会比较高，出于对家乡、对老乡的支持，许多用户会选择下单购买。

6.1.4 用户需求定位（解决消费者什么问题）

产品的起点不一定是用户，但终点一定要回归到用户。

回归用户就需要产品能够满足用户某一或某几方面的需求，而用户需求是多种多样的，如生理需求、安全需求、社交需求、尊重需求等，下面来简单了解一下这几种需求。

生理需求很简单，对应的是用户生理上的需要，如食物、水、睡眠等。如果这些需求不能得到满足，人的生理机能会失调甚至无法正常运转，进而威胁生命安全，所对应的产品是刚需性产品，如米、面、粮、油等，但这类产品没有太多的营销话题，对用户来说缺少新奇感，消费的冲动和欲望就会下降。

安全需求对应的是用户的人身安全、健康保障，用户会更关心产品对身体的影响。以零食为例，同等价位的薯片，一款是非油炸、低脂肪的，一款是常规款，大多数用户会选择前者。产品使用起来更安心、更放心是目前市场所追求的主流，产品安全是用户在购买产品时考虑的重点因素。

社交需求对应的是情感和归属的需要。人是群居动物，需要亲情、爱情、友情，而亲子装、情侣装、闺蜜装在抖音服装类目里占据不小的比例，其根本原因在于这些产品满足了用户的情感需求。

尊重需求对应的是用户需要被肯定、被尊重，主要体现为产品对用户自信的提升、身份的彰显。这类产品往往带有象征意义，比如近两年一直流行的小资生活，其对应的拥有美观外形的小家电就是彰显生活情调与美好生活的体现。

消费者愿意支付的价格约等于消费者获得的满意度，简单来说就是同样一款产品，能够满足消费者越高的需求层次，消费者所能接受的价格也就越高。那该如何获取用户需求呢？

这里可以使用"5W1H"法则，即What、Why、Who、Where、When与How。

What：用户的需求是什么？

Why：用户为什么会有这种需求，之前是怎么解决此种需求的？

"为什么"是做用户需求定位时最常问的一个问题，也是了解用户核心需求的法宝。

比如问"你为什么要购买这款洗发水"，用户答"因为这款洗发水能够控油"。再问"为什么要购买这款而不是其他品牌呢"，用户答"因为这个牌子更好一些"。再问"为什么这个牌子更好"，用户答"因为这个牌子无硅油，控油的同时不伤头发"。问到这里已经问出第二个用户很关心的需求点了，就是"不伤头发"。在这里，能够获取到用户的两个核心需求就够了。

Who：用户群体是哪一类？

Where：用户会在哪些场景下使用？

When：用户的需求什么时候会出现，出现频率是怎样的？

How：用户的需求是怎样被满足的？

以衣服为例，用户的需求是什么，身材比较胖的人想要宽松的大码衣服，这是普遍性需求。为什么会有这样的需求？因为市场上很难买到合适的尺码。需求的提出者是身材比较胖的人。衣服使用的场景有很多，跟心仪的人约会，跟朋友逛街……衣服随时随地、每时每刻都需要穿，使用频率很高。综合以上可以获取用户的需求，时尚、显瘦、有设计感的大码衣服是这一类人群的特定需求。那用户的需求是否可以得到满足，市场是否处于饱和状态，该如何突破就是下一小节要讲的产品卖点问题。

作为主播平时还可以多观看一些行业报告来深入了解用户的需求，如易观智库网、艾瑞网、阿里研究院、新浪研究报告等经常会推出各行业的数据报告。

另外在做用户需求定位时，一定要多听取别人的意见和建议，不要想当然地将自己的想法、思路代入并且定位到少部分人群身上，这种做法是致命的，可能会直接导致整场直播活动的失败。因为人可能会受环境或其他因素的影响，容易产生主观偏差，所以要定期收集产品的反馈数据。数据是客观存在的，主播在直播后可以通过后台数据反馈，定位用户的核心需求。

数据包含总观看人数、每个时间段用户的在线人数、单次直播的"涨粉"人数、评论数、单款产品成交量、产品总成交额、评论热点等；通过对这些数据的收集整理，主播能够更清晰地了解用户的喜好，确定更合适的直播时间、更合适的产品品类和更合适的价格，从而不断调整优化带货方案。

6.1.5 产品卖点定位（给消费者带来的好处）

市面上的大多数产品不是只拥有某几个功能，而是包含几十个，甚至几百个功能。但是在做产品宣传时，我们通常不会把所有功能都罗列出来，而是选取用户需求最强的某个点或某几个点。

一款产品能够满足用户的需求构成就像太阳系一样，核心需求就是太阳，处在整个系统最中间的位置，围绕在核心需求外围的都是衍生需求。

举个最简单的例子，市场上的洗发水种类丰富，功能多样，有"控油""柔顺""防脱"等。难道"防脱"的洗发水就不具备"柔顺"的功能了吗？肯定不是！

直播带货也是同样的道理。主播在介绍某款产品时，不要把产品功能全部介绍一遍，而是瞄准一个或两个用户需求，重点向用户介绍对应的产品卖点。对于每一个直播间的产品来说，主播能够着重地表达出两三个卖点就足够了，卖点过多，用户反而记不住。用户能记住的信息是有限的，往往只对某一利益点有强烈诉求，并产生较深印象，所以主播需要找出跟其他同类产品相比，所推荐的这款产品最为独特的部分作为产品卖点，进行重复讲解，强调其独特性，增强用户认知，提高用户购买欲望。

产品的卖点，即产品能给用户带来的好处、有什么样的利益。所以主播根据利益来阐述产品的卖点，更易被用户所接受。

产品所使用的场景是提高用户购买率的亮点，把用户带入场景，使产品与一定的环境相结合，可唤醒用户对于拥有产品后的幻想。如介绍三明治机，早上匆忙起床来不及做早饭，这时可以借助这款产品在 5 分钟内搞定早餐；周末朋友相聚、野外踏青，一小时就搞定所需甜品等，省时省力，还可能获得朋友的赞誉。而如果没有这个机器，那可能就要饿着肚子上班，空手去野餐……将拥有后的享受与未得到的痛苦进行对比，用户会选择哪个呢？

主播在做产品介绍时，要让用户产生这个产品是为用户量身定制的感觉，这样就不用担心转化率不高了。在抖音上，经常会有××专场的直播，这是一个很好的卖点，吸引到的也是相对精准的用户群体，主播需要做的就是获得这部分用户的认同，从而把产品卖给用户。

这里给主播提供4个提炼产品卖点的原则。

1. 实事求是

不要为了能够多卖几件产品，把产品原本没有的功能强加上去；或者为了让产品能够看起来更漂亮，在直播时选择最好的产品进行展示。这样当用户收到实物发现产品没有直播间里说的那么好时，会产生一种被欺骗的感觉，这样一来，用户就不会在主播的直播间回购，也很容易影响主播的口碑。

主播可以从产品本身出发，如产品的名称、细节、亮点、特色、功能、颜色、大小、形状、包装、味道、产地、历史、文化、规格、生产环境，提炼出有亮点的产品卖点；也可以从产品的优惠力度出发，如将平时的价格与直播间价格做对比，突出活动力度，文案如"正常价格××，在直播间内××，还可以领取××优惠券，立省××，享受赠品福利，××价格×××件拿回家，还赠送×× 个××产品"，找到跟其他产品相比自身产品最优的竞争优势。

2. 卖点不局限于产品本身

大部分常规产品的功能特点相差并不大，主播想要基于产品本身提炼卖点会有一定的困难，这个时候就可以为产品塑造卖点，可以从公司定位、技术水平、情感定位等多方面进行宣传。同样规模的企业，一家成立30年只专注于开发研究某一具体产品功能的公司和一家只成立两年却涉及多领域的公司，对于用户来讲感觉是不一样的。如抖音之前发起的"助力湖北DOU来带货""山货上头条"等活动，所销售的产品与其他主播类似，但多了一份为乡村助力、为湖北助力的情感因素，在一定程度上提升了产品的销量。

3. 表达产品的差异化

在看抖音直播时经常能够看到一些新奇的产品，这类产品相对于其他产品来说就具有独特的价值，用户看到后也会感到新奇。主播在直播描述这类产品时就要把产品的独特性展示给直播间的用户看。如"网红泡泡机"跟传统的吹泡泡玩具不一样，采用的是一个相机的样式，从中间吐出了梦幻的泡泡，外观精美又方便携带。

4. 不要过于夸大产品卖点

主播基本上不会说产品的缺点，都是去宣传产品有多好。如果主播在直播间里说产品品质一流、是市面上最好的产品，这些话语对用户来讲意义并不大。主播可以利用购买过该产品的用户的评价来从侧面突出该产品的好处。

产品的卖点还有很多，如表 6-1 所示，这 15 个卖点几乎涵盖了市面上常见产品的所有卖点，供新人主播参考。

表 6-1　设计产品卖点文案的方法

产品卖点	产品卖点具体剖析
原材料优势	使用行业优质原材料，原材料达到行业标准（如获得 NZFSA 认证、TGA 认证、GMP 认证）……
生产设备优势	采用新的生产技术，采用行业生产新工艺……
专业人员优势	高学历研发团队，从业多年的专业指导团队……
品质控制优势	行业高标准的质量管理体系、严格的次传优品处理程序（如出厂前接受极温测试）……
价格优势	因享受税收减免、环保补贴、电费减免等政策，具有规模化生产优势等客观原因，产品自带价格优势……
价值优势	使用周期长，使用频率高……
交期优势	生产效率比其他工厂高，多台机器能够同时工作……
货运优势	承诺直达客户指定地址、国外客户空运、包邮到家、顺丰包邮、现拍现发、当天发货……

续表

产品卖点	产品卖点具体剖析
服务优势	免费打样、24小时售后服务,损坏包赔……
结算优势	支持先验货后付款、支持分批结算……
行业口碑	顾客好评、同行好评,体验过后的真实感受为好好吃、好好用……
合作品牌	行业知名供应商……
企业资质	当地/全国纳税大户、销售榜单荣誉……
企业文化	推崇的正能量文化、相关文化活动专题……
品牌效应	广告投播情况、媒体合作情况、宣传推广情况、品牌商标注册……

6.2 如何快速低成本搭建直播间

直播带货除了人、货以外,场也非常重要,场对于提升用户对直播间的观感,提高直播效果有着非常重要的意义。

6.2.1 关于直播间的场地选择

笔者团队曾经做过一个测试,找来30个用户,让他们想象以下3种场景,测试哪种陈列服装的方式会更容易吸引他们下单购买。

① 穿在模特身上的服装。

② 挂在一起的服装。

③ 叠放起来的服装。

有23个人选择了①。因为穿在模特身上的衣服更容易看出上身效果,用户也更容易想象出衣服穿在自己身上的样子。这能够让用户全方位、多角度地看到一款产品,并立即联想自己的使用场景,从而产生快速购买的决策,这就是场景化对于用户的吸引力。

对于直播带货来讲,最重要的就是给用户营造出身临其境的现场感。因为用户进入直播间,第一眼看到的就是直播间的整体效果,整体效果好,才会有看下去的兴趣。这就跟用户在线下逛街一样,店铺展示效果好就愿意逛,店铺陈列不好则看一眼就会离开,直播间的整体效果就是要让用户自然地进入购物场景,仿佛亲身在线下购物一般。

因此主播在选择直播场地时有两大原则:一是饱满而不拥挤,既能让用户目光所及之处产品摆放有序,又能够让用户看到产品种类丰富;二是场地要与产品相匹配,如主播推荐的是高档的美容护肤品就不能在路边进行直播,而是选择环境好的会所、办公楼、工厂等,这样才更有利于取信于用户。

那有哪些场地可以作为主播的直播场地呢?

1. 实体店铺

拥有线下实体店铺的商家,无须为直播场地而发愁,因为店铺就是最好的直播场地。在实体店内直播除了能够让用户更有信任感之外,如果是同城的用户看到直播,还有可能会直接到店消费。

2. 工厂、原产地

如果没有店铺,那么工厂或原产地也是不错的选择。同样是卖樱桃,在果园直播和坐在家里直播的效果能是一样的吗?

3. 居家、办公室

如果没有预算或能力来打造一个专业的直播场地,那么可以选择家中或办公室里较为干净整洁的区域作为直播场地,这样一来用户的大部分注意力都会放在主播身上,而不是场景上。

4. 当地的直播基地

随着直播电商的火爆,很多城市都建立了专门的直播基地,可以选择租赁这样的基地并进行简单的装修,随后入驻进行直播。

总体来说直播场地不需要太大,$5 \sim 20m^2$ 即可。如美妆护肤类直播,主播一般都是坐播，只要展现产品细节以及上脸效果即可，因此能够摆放一张桌子和一个货架的 $5m^2$ 的场地就足够了；而服装穿搭类的直播，需要主播试穿、走动展示，活动范围要大一些，则需要 $15m^2$ 以上的场地。

在选择直播场地时，还需要注意的一点就是回音、隔音的问题。如果回音太重，就会影响直播间用户的听觉感受，导致用户没有耐心听主播继续讲下去。如果隔音太差，用户就会听到其他地方传来的杂音，从而影响直播间的收音效果，同时也会影响到其他人，打乱直播的正常节奏。

6.2.2 直播间布置要点

直播场地确定之后，就要开始设计直播间内部的陈列风格。

1. 直播间风格

直播间风格可根据主播人设、产品的调性来决定，现代、简约、中式……也可根据背景墙、壁纸、窗帘、摆件、绿植、地毯等进行装饰。

在场地确认之后，需要对直播间进行区域划分，考虑每个区域摆放什么东西，考量其在镜头中呈现的效果。

2. 背景

直播间的背景最好是以纯色、浅色背景墙为主，切忌花哨，过于杂乱的背景容易使人反感。直播间尽量不要用白色背景，因为白色背景容易过曝，用户观感极差。

直播间以灰色系偏多。灰色是一个比较中立的颜色，使用灰色很难会出错，因为灰色几乎可以和任何色彩搭配。而且灰色是最适合摄像的背景色，不会过曝，呈现的视觉效果较好。此外，灰色还有利于突出服装、妆容或者产品自身的颜色。如果是美食类产品，背景最好选择暖色调；如果是数码科技、美妆类产品，背景最好选择冷色调。

直播间还可以选用虚拟背景图增加纵深感，例如薇娅的直播间用的就是虚拟的夜晚都市全景作为背景，增加了直播间的空间感、高级感。

第 6 章
带货直播的四大前期准备

如果不想投入过多成本，家中的书柜或窗帘都可以用作背景。

3. 产品陈列架

产品陈列架就是放置直播间产品的货架。设置产品陈列架的好处是能够更好地展示产品，让直播间看起来整洁有序。比如卖零食的会放置一个零食货架，在上面摆满零食，让用户一进直播间就能看到各种各样的零食，如图 6-2 所示。

图6-2

服装穿搭类的直播间可以放置衣架或衣柜。为了更好地展示服装，还可以陈列模特，但数量不要超过两个。因为直播间本来就不是特别大，陈列模特过多，容易喧宾夺主，占据主播展示空间。

产品陈列架并不是必需品，如果直播间太小的话可以舍弃陈列架，把产品摆在一侧，播到哪款产品就把哪款产品拿到镜头前。

4. 产品介绍板

在抖音直播中经常能看到主播后面有一块小黑板，上面会标注一些产品的重要信息。如服装主播就会在黑板上标注主播的身高、体重、所对应的衣服尺码。如果没有黑板的话，用白纸代替也可以。这块黑板能够起到补充说明的作用，可写上用户最关心的一些问题，如"什么时间发货""发什么快递""如何下单""什么价格""有什么优惠活动"等。它避免了主播一直重复相同的问题，也让新进入直播间的用户一目了然。

5. 灯光

不同的灯光对主播和场景的影响是不同的。好的灯光有利于营造氛围、修饰人物形象，让直播间画面更真实、更美观地展现在用户眼前。

灯光可以从色温和光源两方面来看。色温不同，带给人的感觉也不同。色温越低，色调越暖（偏红）；色温越高，色调越冷（偏蓝）。暖光会给用户营造一种温暖舒适的氛围，而冷光则会给用户营造一种清冷的感觉。

不同类型的直播间应该使用不同色温的灯光。如服装类和美妆类的直播间更适合使用 5700K 的白光。因为 5700K 的白光更接近自然光的色温，在镜头前能够把产品的真实状态展现出来，可减少服装以及口红色号的色差。如果想让直播间看起来更高级，可以在 5700K 白光的基础上再增加暖光灯条，可以让主播面部线条看起来更加柔和。美食类和家具类直播间更适合使用 3000～4000K 的暖光。暖光可以把美食衬托得更加美味，这就是超市的鲜肉区的灯光都是红色的原因。珠宝类直播间视珠宝类型和光泽度决定使用白光还是暖光。比如翡翠、钻石就可以用正白光，像蜜蜡这种带颜色的珠宝就可以用暖白光。

直播间的光源主要分为主光源、环境光、辅助光源 3 种。

主光源承担着主要照明的作用，可以使主播的脸部和产品受光均匀，同时起到了磨皮美白的作用。主光源可以选用球形灯，光线较柔和，建议选择显色度

96% 以上的球形灯。

环境光又叫背景光，主要作用是背景照明，最好是放在直播间顶部，能够让直播间内的光线均匀分布。环境光应尽量简单一些。

辅助光源的主要作用就是增强立体感，起到突出侧面轮廓的作用。辅助光源的强度不能强过主光源，而且不能产生光线投影。

在选择上述 3 种光源时还要注意根据直播间的大小选择合适的功率。

6.2.3 带货直播需要用到的三大设备

一个直播间的设备至少要满足 3 个要求：高清、平稳、低时延。这样才是一个合格的直播间。而要满足这 3 个要求，直播手机、补光灯、直播支架是必不可少的。

1. 直播手机

手机配置的高低在一定程度上决定着主播直播时画面是否高清，虽然现在的手机配置都不太差，但是笔者依然推荐主播选择使用 iPhone 8、三星 S10、华为 P30、华为 Mate 30 这 4 款手机（或更高配置的手机）作为直播手机。

因为一场直播，尤其是带货直播，至少需要 4 小时，所以对于手机摄像头的像素、待机时长都是有一定要求的。

最好是能够准备两部手机，其中一部手机专门用来直播，区别于平时使用的手机。这样的话，直播就不会被电话、短信等打断。而另一部手机可以用作客服手机，随时查看直播间聊天弹幕、回答粉丝私信问题等。

2. 补光灯

直播间清晰度的核心就在于灯光的选择。补光灯的功效就是补光以及美颜。

主流补光灯主要有两种：光圈补光灯、灯箱。

手机直播一般采用的是光圈补光灯，又叫美颜灯，其既能补光又能柔光。灯光可分为暖光、白光、柔光 3 种。光圈补光灯可以使直播画面变得更加柔和，主播的皮肤更加细腻有光泽，比较适合坐播这种近距离的直播。

淘宝上光圈补光灯的价格大概为100元，选择8～10英寸（1英寸=2.54厘米）的即可。如果觉得在淘宝上买价格偏高，在1688上购买也可以。

服装类直播最好选用灯箱。衣服有时候需要远距离展示才能呈现更好的效果，所以上、左、右3个方向都需要打光，这对左右两侧摆放柔光灯箱，上方直接利用天花板的射灯即可。

3. 直播支架

支架的样式有很多，有单机位、多机位，也有"手机＋声卡＋麦克风＋补光灯"组合的、落地式、台式等。对直播支架没有太多要求，以轻便、稳定为主，根据自身需求做出选择即可。如果不是多个直播间同时开播，选用单机位的直播支架即可。

除了这3个重要的设备外，声卡、麦克风、耳机、网络、插排等也是直播过程中会用到的。麦克风的品牌有很多，选择降噪、收音效果好的即可，如果是吃播，选择领夹式麦克风比较好；耳机是用来听自己的声音的，入耳式、头戴式的都可以，根据主播自己的使用习惯选择合适的即可；网络一定要稳定，能够保持直播不断线，信号好，不卡顿、不中断；插排尽量选择质量好的，直播外接设备多时，大插排是必备工具，可以方便随时充电。如果想提高直播效果，还需要摄像机、计算机等，但对于新手来说，前期使用手机直播就可以了，后期有起色后再来慢慢升级装备，不建议一开始就花几千甚至上万元购买设备。

6.3 直播间选品

产品选得好，用户下单早。

虽说直播带货已经成了大趋势，但随之而来的就是直播带货行业的竞争也变得非常激烈。一个没有独特卖点的产品很难让用户有购买的欲望，因此产品是否选得好是决定主播是否能够获得高收益的重要因素。

6.3.1 选品七大核心要素

看过李佳琦和罗永浩直播的人都知道，他们直播间的产品种类繁多，如美妆、零食、家居等。那这是不是就意味着新人主播也可以想卖什么就卖什么呢？

当然不是！

李佳琦和罗永浩作为大主播，拥有几千万粉丝，受众范围广，不管他们卖什么，可能都会有粉丝有对应的需求。但是作为新人主播，没有那么多的粉丝，在选品时就需要考虑很多问题，如该产品的市场规模空间大吗？该产品能找到货源吗？该产品的利润空间如何？该产品的货源稳定吗？该产品复购率高吗？该产品有销售思路了吗？

那作为新人主播，该如何选择适合自身的产品呢？

1. 产品价格

产品价格可以分为两部分：一是价格，二是价值。

产品的价格高低不仅会影响到用户是否会下单，也会影响到主播能够得到多少直播收益。所以主播要非常清楚什么价位的产品更容易获得用户的喜爱，更容易被用户所接受。

直播带货属于感官刺激下的消费，即使你的产品再好，只要价格高于用户的心理预期，用户就会犹豫，进而可能丧失购买的欲望。

① 高客单价：单价 ≥ 100 元。

② 中客单价：单价为 50 ~ 100 元（不含 50 元和 100 元）。

③ 低客单价：单价 ≤ 50 元。

直播间的产品价格过高会增加用户的决策时间，用户会反复思考这件产品是否值得购买。而低价产品会减少用户的决策时间，更容易在短时间内促使用户下单。这也是为什么"抖音好物榜"上排名靠前的产品价格多在 50 元左右。低价降低了消费门槛，缩短了用户的决策时间，可刺激用户迅速下单购买。

除了产品的价格，更重要的是产品的佣金。直播带货的核心是获取收益。同样一款产品，价格都是 100 元，但某个主播的佣金只有 10%，而其他主播的佣金是 30%，也就是佣金为 10% 的主播卖出一件商品才赚 10 元，而其他主播卖出一件可以赚 30 元，同样卖出 1000 单，他们的收益会出现很大的差别，因此高佣金很重要。在差不多价位区间的类似产品中，要优先选择佣金高的产品。目前有很多高佣金渠道和定向佣金，新人主播可以多关注相关消息。

2. 产品性价比

在抖音上"低价爆品"定律并不绝对，因为产品性价比也是影响用户下单的重要因素。一般来说，抖音用户价格区间的心理底线在 100 元左右，高于 100 元就突破了大部分用户的心理底线，因此在抖音直播间产品价格区间为 50～200 元的产品更为畅销。

无论在哪个直播平台上，高性价比的产品都会比单纯低客单价的产品更受欢迎。性价比高的产品比单纯低客单价的产品更具备定价优势和利润空间。一味地降低产品价格会拉低直播格调，降低用户对主播的认知，给用户造成一种直播间的产品很廉价的感觉，不利于高客单价产品的转化。

举个简单的例子，第一种产品是原价 20 元的零食，直播优惠价 9.9 元；第二种产品是原价 3000 元的 iPad，直播优惠价 1500 元。绝大多数用户会选择购买 iPad，因为高质低价会大大增强用户的购买欲。

素人直播可以将"低价"与"高性价比"结合起来，用低价吸引冲动消费群体，再用高性价比锁住用户。

提升产品性价比还有一个很重要的手段就是优惠券，优惠券是加速用户产生冲动消费的利剑。平时价格为 100 元一件的产品，在主播的直播间可以领取 50 元的优惠券，这样大额的优惠券，会让用户有种物有所值、获得很大优惠的感觉。因此有没有优惠券是我们选品时尤其需要关注的点，之前笔者团队做过测试，对于同样的产品，有优惠券的成交率比没有优惠券的提高了 30%。

3. 产品与账号属性、自身专长相匹配

在讲"账号定位与热门内容生产"（第 3 章）这部分内容时，笔者提到了账号发布的视频内容要与账号定位垂直，只有这样平台才会推荐更精准的流量。直播带货也是如此，尽量选择与账号定位相关的产品。一方面是因为主播对这类产品熟悉度高；另一方面是因为这样做符合用户对产品的预期，有利于提高产品转化率。如果账号有明确定位，可先做与账号定位垂直的领域的产品。如美食类垂直达人"麻辣德子"，选择直播带货的产品就是调料、厨具等。

若没有明确的账号定位，主播可以选择自己喜欢或擅长的品类来进行直播。

人们更容易为自己感兴趣的事投入较大的热情，所以主播根据自己熟悉的领域、擅长的事物，去挑选产品，是最快的选品方式。贸然挑选不熟悉的领域的产品，大概率会"翻车"，如"不粘锅"事件。

比如主播之前是一个服装店老板，由于市场不好做，租金又不断上涨，所以暂时放弃实体店业务，那么就可以选择在直播间卖衣服，给粉丝分享穿搭技巧这些主播可以信手拈来的东西，而对于用户来说，这就是很有用的信息；再比如主播平时喜欢美食，没事儿的时候就会做做饭，对于各种调料品的搭配、使用很有心得，那么就可以选择跟厨房、美食相关的产品，给用户介绍起来也会娓娓道来，有自己的见解，既迎合了自己的兴趣又能获得收益。可如果主播之前对于珠宝一窍不通，还非要选择这一类产品，在直播间里又没有办法很好地回答粉丝关于产品的专业性问题时，用户有很大概率会觉得主播在卖假货，很难产生信任，就更别提下单购买了。

因此新人主播前期可以先从自己感兴趣的领域或者是从门槛相对较低的领域出发，在这一个领域内进行选品，如零食、生活用品等，相对没什么技术含量，只要讲清优惠力度、产品卖点并引导购买就可以了。

4. 产品与粉丝需求匹配度

关注账号的粉丝一定对视频内容感兴趣，所以主播一定要依据账号粉丝属性

以及需求进行选品。带货的核心是为了满足用户的需求，如果选择的带货产品是粉丝完全不感兴趣的，即使客单价再低，转化率也不会太高。就像在小区里开水果店一样，如果在普通居民区，那么水果店的定位就应该是物美价廉；在高档小区里，那么水果店的定位就应该是高品质。同样的道理，如果直播间粉丝的属性就是喜欢购买中低价位产品，那么主播在直播间里卖几千块钱的高端产品，即使再卖力地宣传，粉丝可能也只是觉得产品不错，但不会下单购买。

我国人口众多，有人喜欢新奇的产品、有人喜欢高端的产品、有人喜欢低价的产品……主播没有办法满足每一个人的需求，所以就需要针对特定群体，选择适合这类群体的产品。如李佳琦虽带货种类繁多，但主要仍是美妆产品，因为他的粉丝群体属性定位就是"18～35岁的爱美女性"。

因此主播要对直播间内的粉丝情况有所了解，从粉丝人群、用户画像等方面分析自己所挑选的产品是否适合这部分粉丝。查询账号粉丝属性时可利用以下两种方法。

方法一，在抖音App直接查询。点击"我"—"创作者服务中心"—"粉丝数据"，可查看粉丝性别分布、兴趣分布、活跃度、地域分布等基本信息。

方法二，利用飞瓜数据查看"粉丝画像"。点击"数据监测"—"我的抖音号"，可查看"数据概览"和"粉丝特征分析"。

笔者建议主播多用飞瓜数据进行数据监测。因为飞瓜数据是第三方的专业数据平台，除了可监测自己的账号外，还可查看他人账号的数据，甚至还可查看直播中哪些产品销量高、哪些产品被点击的次数最多、哪些产品在直播峰值时销量最高……

除此之外，主播还需要多与粉丝互动、沟通，获得更多更精准的用户需求，这样选品的匹配度才会更高。主播可以建立专门的粉丝群，在群内做好问卷调查，搜集粉丝们的喜好及期待的产品、福利、活动等。

5. 复购率高的产品

直播带货的用户群体相对稳定，短时间内是不太容易增长大批量新用户的，所以直播间的产品一定要是复购率高的产品。像洗衣机、冰箱这类大型产品，用户购买的频次就不高，毕竟谁也不会三天两头换家电。而像洗衣液、卫生纸这类日常家居产品就是复购率高的产品。所以选择复购率高、受众广、高消耗的产品有利于用户的二次转化，用户购买后可能会产生再次购买的想法。

6. 应季产品

虽然反季清仓可以利用低价吸引用户冲动消费，但是应季产品才是用户的刚需。比如端午节要吃粽子、中秋节要吃月饼，夏天的风扇、短袖、防晒霜和冬天的暖宝宝、帽子、围巾等，都是应季的刚需产品。无论用户当下是不是需要这件产品，都依然会对该产品保持高度关注，就算不买，也可能会在直播间里热烈讨论，提高直播间热度。如果是反季，一定要逐级给用户相对较低的价格，这样才会吸引用户下单，比如原价99元，反季清仓价为9.9元。

7. 产品有销量且利于运输

在淘宝进行购物时，如果一家店铺没什么销量，消费者就会怀疑是不是这家店铺有问题，不然为什么销量这么低；直播带货也是如此，如果主播选择的商品没有销量，用户心里就会犯嘀咕，会犹豫要不要购买。同时还要保证产品的库存，如果一场直播带货面对的用户是1000人，但只有10个库存产品就很不合理，用户也会有种被欺骗的感觉。另外，便于运输也是很重要的一点，一次愉快的购物体验是下次成交的基础，而愉快的购物体验很大程度上取决于快递、物流的体验，如鲜花、葡萄、海鲜等产品运输起来相对麻烦，大主播们带这类产品都会出现问题，更不要说素人主播了。

以上的7个核心要素是大部分主播直播带货时用到的选品技巧，能够帮助主播快速选择相对合适的产品，提升直播间的转化率。

但除了以上这7点，还要注意比较小众的用户群体，他们更注重产品的"新美奇特"。"新"一般指一些紧跟潮流又酷炫的产品;"美"指的是外观精美又小巧的产品,如故宫口红既有高级质感又轻便,很容易吸引女孩子的眼球;"奇"是指奇特、可爱的产品,如小猪佩奇手表、自拍杆手机壳、妖娆花、喷钱手枪等产品;"特"指有特殊的创意、有趣、好玩的产品,如搞怪面具、惊喜盒子等。

另外在产品的选择上,做不到"新美奇特"最起码也要实用、卖点清晰,给用户一个购买的理由。在同样的产品中,应优先选择具有名人背书的产品,这类产品有天然的传播优势,能够增加用户对主播的信任。但如果一款产品在直播间推荐了很多次,各种方法都用了,却没什么效果,那主播就要赶紧换产品。即使一款产品的销量再高,主播也要经常更换产品,保持账号的活力,不能因为一个产品卖得多就不再卖其他产品了,要定期直播,与用户打成一片。

6.3.2 选品的六大常用渠道

掌握了选品技巧,接下来就要解决去哪里选品的问题了。

1. 借助工具大数据选品

利用工具很重要,在上一小节"选品七大核心要素"中提到过利用飞瓜数据监测"粉丝画像",选择与粉丝相匹配的产品。同样,也可以利用飞瓜数据平台的"直播商品排行榜"查看直播人数峰值和销量,在榜单中可获得商品名称、品类、单价、来源(拼多多、有赞、淘宝、魔筷、快手小店)等信息。

当选择按销量排序时,可以快速知道当前最热门的产品是什么。点击详情还可查看直播峰值人数、关联直播、关联视频、全网销售增量、在售主播等的数据分析。

2. 抖音"人气好物榜"

在抖音除了可查看当日的"视频热点榜"之外,还可查看"人气好物榜",抖音官方会以榜单的形式将当日热度最高的好物推荐给用户。"人气好物榜"有很多类目,比如美妆护肤、居家日用、3C数码等,可根据账号定位查看相对应的榜单。

3. 分销平台

淘宝联盟、京东、好单库、选单网、大淘客等这些独立 App 或网站都允许主播分销产品赚取佣金。

分销平台非常适合没有供应链渠道的新人主播，因为基本没有产品成本，无须自己囤货，只需直播前购买样品试用，然后在直播间推荐即可。现在的大多数商家都看中了抖音的庞大流量，愿意设置高佣金来吸引达人选择自家产品。目前抖音上大部分主播的选品渠道是各大分销平台。

下面简单介绍一下开通商品橱窗以及挂产品链接的基本操作流程。

① 打开抖音 App，点击"我"，再点击上方的 3 条横杠，如图 6-3 所示。

② 点击"创作者服务中心"，如图 6-4 所示。

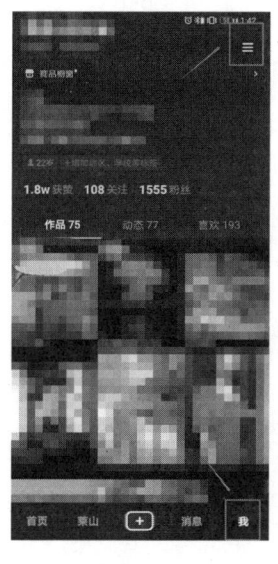

图6-3

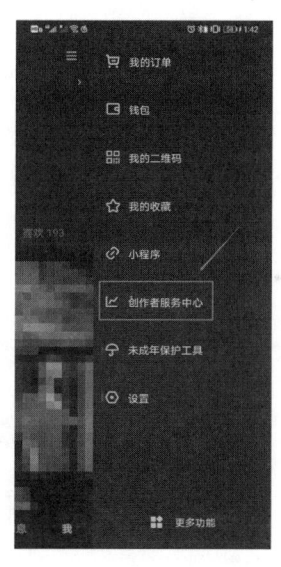

图6-4

③ 在"创作者服务中心"中找到"商品橱窗"，如图 6-5 所示。

④ 进行实名认证后，点击"立即申请"。开通条件为个人主页视频数（公开且审核通过）≥ 10 条、账号粉丝量（绑定第三方粉丝量不计数）≥ 1000，如图 6-6 所示。

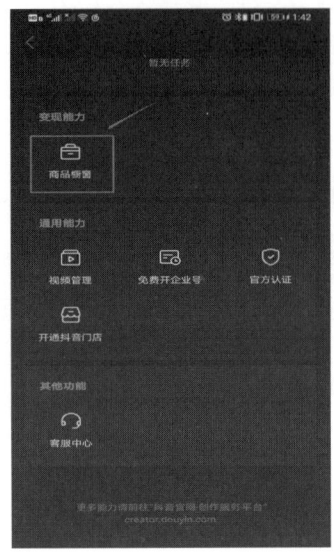
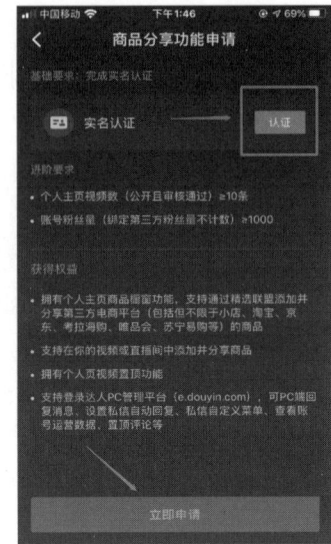

图6-5　　　　　　　　　　图6-6

⑤ 通过审核后，点击"账号绑定"，如图6-7所示，即将分销平台与抖音账号进行绑定。可选择"手动绑定"或"去淘宝获取"。

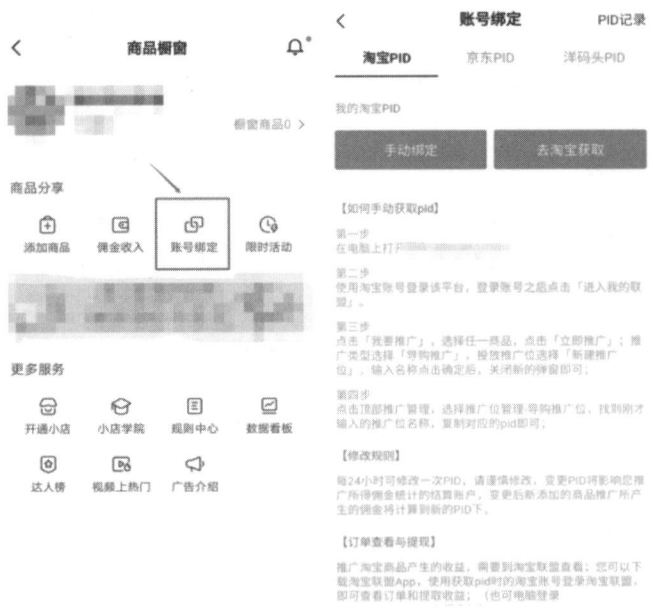

图6-7

第 6 章
带货直播的四大前期准备

⑥ 绑定成功后，点击"添加商品"进行商品添加，如图 6-8 所示。可直接添加该界面上的产品，也可以选择"商品链接添加"，把在淘宝联盟上找到的高佣金产品链接复制进来即可，如图 6-9 所示。

图6-8

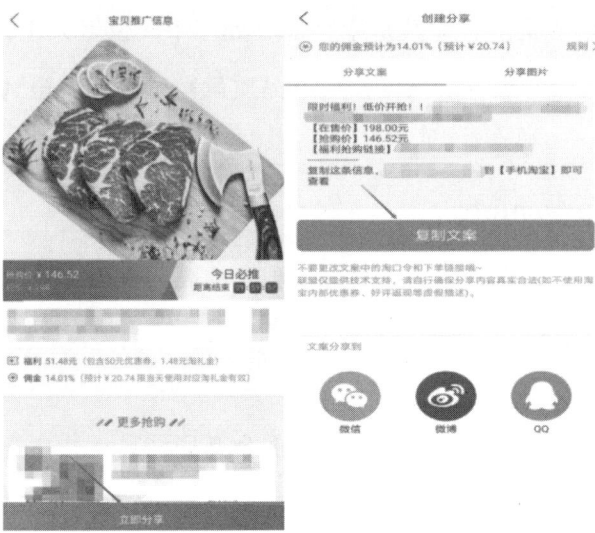

图6-9

4. 抖音"达人销量榜"

学会查看抖音"达人销量榜",合理利用"网红"效应。抖音"达人销量榜"的更新时间是每天中午 12:00,每天都去看看才能更好地了解当前抖音产品的热销趋势。如李佳琦推荐了某款产品,很多主播都会在最短的时间内也推同一款产品。所以头部达人卖什么,素人主播也可以卖什么。

在跟头部主播带货时需注意两点。一是第一时间抓住产品热点。很多产品是有时效性的,过了这段时间,产品可能就不适用了。二是争做第一波带某个产品的人。头部达人推荐的产品,很多商家或个人都会跟风去带,尤其是新产品出现时,是争夺市场的最佳时间。应抓住用户还对产品保持好奇的状态,迅速安排产品,开直播带货。

5. 对标竞品

关注 30～50 个同类型账号,看同行们每天在直播间里带什么产品,在其中选择适合自己账号的产品开播带货即可。

6. 商家提供

当账号有了一定的粉丝基础后,会有商家主动联系账号运营者,把产品的样品寄过来让主播带货推广。尤其是中腰部(处在中间位置)主播更受商家青睐。商家给出的佣金比例一般不会太高,但产品质量基本都能够得到保障,转化率也算可观。

6.3.3 独家高佣权限

在市场上,有很多带货团队手里握着独家的高佣权限,作为新人主播怎么获取到类似的高佣权限呢?

1. 付费圈层

付费进入更高级的带货圈层,圈子里面会互通消息、共享资源。除了高佣产品外,圈子里还会分享很多直播带货技巧,消息相对较为灵通,能够很好地把握平台规则进行变动,但这类圈子的进入价格从几百元、几千元到几万元不等,产品质量也参差不齐，主播需要根据自己的实际情况选择适合自己的圈子。

2. 源头工厂

如果主播可以找到产品的源头工厂，一般就掌握了第一手的价格，获得的佣金比例也会比较高。这类厂家很难寻找到，尤其是拥有高销量产品的厂家，适合身边有资源的主播。如主播有很强的人脉关系，认识很多的厂家，就比较容易促成合作。笔者就和大量工厂有合作，因此掌握着一手的价格和独家的电商权限。

6.4 直播电商团队最佳人员配比

单丝不成线，独木难成林。一场成功的直播背后，不仅仅有主播，还有副播、助理、客服、运营、场控等，所有人默契配合才能给用户呈现一场完美的直播。

6.4.1 场上人员配比

唐僧师徒就是一个很不错的团队，5个人（包括白龙马）的性格和能力各异，优势互补。如在取经的途中，唐僧主要负责与人沟通交流；孙悟空负责降妖除魔，解决问题……这个组合跟直播时的团队配合有些相似，直播既需要能说会道的主播，也需要会调节氛围的副播，更需要默默付出的助理。

1. 主播

每一场直播必须至少有一位主播出镜，主要负责公司、品牌、产品介绍，统筹全场，控制直播间秩序，调动用户情绪，保持直播间热度，引导用户购买，促进直播间的产品成交。因此这类主播需要具备很强的控场能力及应变能力，无论直播间内有什么情况发生，都可以让整场直播按照正常的提前策划好的流程走完。因为不管前期的直播策划做得有多完美，在实际直播中，依然会出现各种各样的突发状况。面对直播间的突发状况，主播需要及时地给出最佳的解决方法，如在测试某款产品时出现失误，要怎样解释才能不影响用户的购买意愿。比如李佳琦直播不粘锅的"翻车"事件，由于助理操作失误，鸡蛋很不给面子地粘在了锅上，李佳琦接过去，严肃地解释是因为助理油放少了，正确的操作方法应该是什么样子，从一定程度上挽救了这次"翻车"事件，这就是对主播应变能力的考验。

同时主播在开播前，还需要把整场直播的节奏、产品特性、脚本、利益点、流程等提前熟悉好，做好准备工作，只有这样在开播以后主播才会对产品的介绍达到相对流畅的水平，才能提高用户对主播的信任。试想如果主播自己是观众，看到一位主播对于自己所推荐的产品不熟悉甚至一无所知，会放心购买这款产品吗？主播自己不会，同理用户更不会。虽然主播可以借助产品介绍板来介绍产品，但对于主推产品的关键卖点，主播还是要烂熟于心，专业、懂产品才能获取用户的信任。主播在直播的过程中，还需要引导用户对主播进行关注，回答用户的问题，与用户互动。

2. 副播

副播主要负责带动气氛，介绍促销活动，提醒抽奖节点，做卖点提醒，还需要承担管理员的角色，协助主播与用户进行互动。尤其是一些服装类的直播，主播需要下去换衣服展示，副播就需要顶上去，维护直播间的氛围，解释活动如何参与、活动规则是怎样的，解答直播间用户的问题，进行产品的讲解，等等。

3. 助理

如果直播间规模大、产品过多，直播时间较长或者是活动较大，主播可以适当地增加直播助理，来分担主播的工作。同样助理也需要熟悉产品的特性、功能、直播的脚本流程，可以在直播时及时地反馈用户提出的问题，引导用户下单。这一类比较适合大主播，因为是团队运作，有了助理后，主播就可以专心地介绍产品、走直播流程，其他的都会由助理来承担，几个人配合下来，不会疲劳，效果也会好一些。如李佳琦的直播中，如果有女性产品，经常会由他团队中的女孩子来讲解；如果是需要吃的产品，通常就会由他团队中的男孩子来做演示；大家各有分工、各司其职。

建议一场直播搭配两个主播，两个人之间一定要是优势互补、相辅相成的。此外，主播的形象也很关键。一个好的形象是对用户最基本的尊重，好形象不是说你得有多好看，而是要大方得体、干净利落。主播也不能畏惧镜头，要很自然地把自己和产品展现在镜头前，可以通过多次反复的刻意练习来慢慢提高自己的镜头感，把最好的一面展现给用户。

6.4.2 场下人员构成

直播过程中，除了场上出镜的人员，还有很多在镜头后默默付出的人，以确保整场直播的流畅度及处理直播过程中的各种问题。

1. 客服

客服主要负责通过文字带动直播间的氛围，引导用户提问及解答用户问题，同时负责登记直播间里的抽奖等信息。

2. 运营人员

运营人员分两种，一种是活动运营人员，另一种是产品运营人员。如果主播自己是商家，直播间的产品都是自己家的，那么就不需要产品运营人员。但很多达人没有自己的产品，就需要设立专门的产品运营岗位，这个岗位的人主要负责给主播找产品、联系供应链、选产品、与商家谈价格和折扣等。在直播过程中，要保证产品的正常上架、优惠信息准确。直播间的活动运营人员则负责整场活动的策划，包含直播预热、直播主题、直播内容、直播脚本设计、直播目标、直播时间等，还需要监控直播数据，后期进行总结复盘，给主播及团队成员合理的建议，逐渐形成标准化的直播流程，方便后期量化、复制。

3. 场控

场控主要负责执行运营人员的策划方案，协调各方面关系，包含直播相关设备（灯光、摄像头角度）的调试、后台操作（上架产品、修改价格）、指令的接收与传达（活动通知、直播福利）。同时场控还起着协调的作用，如视频拍摄、产品抽样、奖品发放、仓库协调、照顾主播情绪等。

除此之外，场控还有一个很关键的工作，就是整个直播间节奏的掌控。假如主播在镜头前过于兴奋忘记把握直播节奏，这时就需要场控对主播进行实时提醒，把直播节奏拉回来。场控属于一个很灵活的工作，不能死板，需要具备随机应变、处理突发事故的能力，所以应尽量选择机灵的人。

虽说一场直播需要很多人的配合，但在实际落地的过程中，还是需要主播根据自身情况来组建直播团队，可以根据自己可以支配的人员数量及直播情况做合理的分配和安排。如果是商家进行直播且规模不是很大，前期可以考虑组建一个小团队，如"主播+场控"或"主播+运营人员"；如果是个人进行直播，前期为了节省成本可以考虑做一个全能主播，负责选品、运营和直播，后期粉丝量逐渐增加后可以考虑增设其他角色来分担主播的工作。但不管以哪种方式进行，提升主播自己的基础能力和综合实力，是直播带货的必经之路，这属于能力层面的东西，是每位优秀主播必不可少的。

6.5 直播前的内容运营

在古代行军打仗中，有这样一句话："兵马未动，粮草先行。"而在直播带货中，前期的内容运营跟行军打仗时的粮草有着同等重要的地位。前期内容准备得越充分，直播取得成功的概率就越大。

6.5.1 学会调研对手，对标同行

在商业社会中，最了解你的经商之道的也许就是你的竞争对手、同行。优秀的同行是很值得学习和借鉴的，优质的内容通常是在做得最好的那一批竞争对手里产生的。所以作为新人主播一定要多观察同行，观察做得最好的同行，多看看对方是怎么做的，很可能就会得到行业内最新、最快、最适合自己的直播方法。

第6章
带货直播的四大前期准备

如何寻找优秀同行？一是借助工具，如飞瓜数据、抖大大等，主播直接登录后台查找自己所在行业那些做得好的账号；二是利用抖音的关键词搜索，在抖音上搜索行业相关的关键词，就会推送大量的相关视频或账号；三是利用抖音的智能推荐，平时看到跟行业相关的视频或者直播，就给视频点赞、给主播点关注，时间久了，平台就会自动推送大量同行的优质内容。

找到同行，如何对标？可以从关键词、产品卖点、产品基础信息、产品质量、产品销量、产品价格、产品好评率、产品回购率、产品文案、产品图片、产品包装、成本预估、产品理念等方面，来分析对方直播和产品的优缺点。

如成本预估，如果是商家，就需要对竞品做成本预估，以便更好地帮助自己做出调整，因为产品的质量、供应链不同，就使得产品的成本不一样，而对于同类产品，价格低在直播中占据很重要的优势。如产品卖点，同样都是安全无毒的驱蚊产品，但是某个主播的产品可以放心给宝宝使用，而其他主播的却不可以。如产品价格，大主播们所推荐产品的价格从十几元到几千元不等，价格跨度较大，而新人主播最好不要把价格区间拉得过大，先从平价产品做起，培养粉丝的信任度、积累口碑。但也不是说就一定不能把价格区间拉大，新人主播可以把产品分为引流品、盈利品，制订相应的价格区间吸引用户。

如果还是不会对标，就多问自己几个问题："喜欢哪个类型的直播""喜欢谁的直播""为什么喜欢这个主播""这个主播有哪些吸引人的点""讨厌哪种主播"。完全把自己想象成一位用户，从用户的角度思考。为什么很多女生喜欢李佳琦的直播，因为他平易近人，很像一个好闺蜜，推荐的口红都很好，每个介绍都充满了画面感，很容易把用户带入情境，语言既活泼又有吸引力。而那些一上来就推销，但连产品是什么、怎么用都说不明白的主播，就会让人很反感，不想听下去。主播可以把自己在观看其他主播直播时喜欢的点、不能接受的点以及自己顾虑的点罗列出来，从中取其精华化为己用。

新人主播要注意的点就是，在找到优质同行之后一定要实操，切忌眼高手低。

每天关注10个优秀同行的直播，一天10个人，一年就是3650个人。可见，即使是简单的事情，只要坚持下去，也会有惊人的效果，但同样，越简单的事情越难以坚持下去。主播的养成不是一天两天的事情，要知道即使是像李佳琦这样的主播，在成为头部主播前，也默默地坚持了很多年，所以学习、坚持、提高、创新是必要的。另外，在关注了1000个同行后，需要做的就是取关，取关那些做得一般或者不好的同行，留下优秀的值得学习借鉴的同行，不断地提高自己的直播能力、直播水平。

对标的目的是做自己，而不是别人的影子。粉丝会因为喜欢某个人，进而去购买这个人所推荐的产品，而不是因为某个人像另外一个人而产生购买欲望。你是谁远比你是谁的谁重要得多，不要在对标同行中丧失了个性，不能一味地模仿他人。如今，在同质化日益严重的情况下，独特性反而更受人们追捧，也更容易给用户留下记忆点。

调研对手、对标同行，是为了避雷、少踩坑，而不是模仿搬运。有这样的一句话："要做，就要做市场上的第一或者唯一，因为第二和之一很难被人记住。"

6.5.2　设计直播内容与制作直播流程

要想拥有有趣的灵魂，就必须塑造不一样的地方。

直播内容指的就是直播过程中的脚本，那为什么要写脚本呢？

在做直播时最忌讳的就是在开播前临时考虑直播的内容和活动。如果在直播前主播没有事先预习当天的直播内容与产品，那这场直播最终呈现出来的可能就是不断地尬播、尬聊。直播脚本可以管理主播的话术与行为，为主播每一分钟的动作行为做出指导，让主播清楚地知道在什么时间段应该做什么事情。因此在直播前运营人员一定要事先设计好脚本、梳理好直播流程，确保主播在直播时有条不紊。

运营人员在设计直播脚本时，首先要根据主播的情况考虑直播的内容与形式，这里简单地把直播内容与形式分为4个类型，如表6-2所示。

表 6-2 直播内容与形式

形式	内容
聊天型	适合初期直播，培养粉丝黏性
才艺型	擅长舞蹈、厨艺等技能的主播
卖货型	以带货、电商转化内容为主
综合型	将聊天/才艺/带货等内容相结合

其次要考虑到整场直播的预算，根据主播自身条件与预算确定直播的内容与形式。尤其是中小卖家或个人主播预算有限，就需要做单场直播的成本控制，如直播中可以承受多少赠品的支出、产品最多可以优惠多少等都需要提前预设好。

在明确了直播内容与形式和直播预算后，运营人员就可以着手设计直播脚本、梳理直播流程了。下面简单介绍一下一个直播脚本所包含的因素。

1. 明确直播主题

一场直播活动首先需要确定一个明确的主题，就跟写文章一样，需要有明确的主旨。要确保整场直播内容不跑偏，紧紧围绕着核心主题进行。直播带货的主题可以是"××品牌大促""××上新""××店庆""××零食专场"。当然运营人员也可以从粉丝的需求中寻找直播内容，在粉丝群内征求粉丝的意见，直播主题就是回馈粉丝。对于小商家、小主播来说聚焦一个主题，更容易积累人气。

2. 明确直播目标

没有目标的直播属于无效直播。有很多商家或主播在对待直播这件事时很随意，没有主题、没有目标，随意地盲目开播的做法非常不可取。只有以目标结果为导向才能让直播有的放矢。一场带货直播通常至少要 4 小时，如果没有设定目标就是在白白地浪费时间和精力。对于新人主播来说，直播的目标并不局限于卖了多少件货，直播间人气、粉丝关注度、"涨粉"人数、用户停留时长、互动率、转化率等都可以成为直播目标。

3. 明确直播对象

运营人员要确定这场直播是给谁看的，这一点很关键，因为这涉及直播时间的选定。直播带货主要是为了销售产品，当然要选择对这类产品感兴趣的用户的活跃时间进行直播。如分享自律、推荐书籍的直播可以安排在早上的6:00～9:00；分享零食的可以安排在15:00；分享美妆、护肤的可以安排在20:00。

4. 直播时长与频率

一定要确定直播时长，只有确定时长，才能根据直播时间与时长来准备直播间所需要的物料。一旦确定好直播时间，一定要严格按照确定好的时间进行直播，如每周五20:00～23:00直播，这样也有助于用户养成观看直播的习惯。

5. 直播过程中的内容板块

根据直播主题，将直播时间以10分钟或30分钟、1小时进行切分，确定相应的时间段内的直播内容，甚至具体到每一分钟。直播过程中的内容板块包括五大因素。

（1）开场互动

直播不是一上来就销售产品，而是要先营造氛围，预告直播主题与活动。因此开播前几分钟主要是跟用户打招呼、介绍直播主题、预告直播产品，特别是福利产品，以吸引用户停留观看。

（2）产品讲解

直播不但要产品好，更要讲得好。产品的讲解是直播中很重要的环节，一定程度上决定了用户的停留时长及购买欲望。单纯的产品卖点并不足以打动用户，还需要主播具备丰富的语言储备，将产品语言转化为用户语言，更加真实、准确地为用户讲解产品的特色卖点、功能卖点、价格卖点。在不同的平台，主播还需要根据平台受众来修改语言特色，在产品的选择上可以把重磅产品放在最后，把热销产品穿插在不同的产品中间。

（3）引导互动

引导直播间互动主要是为了增加直播的趣味性，吸引用户停留，制造直播间的高潮时刻。

引导互动的方法有很多，如回复口令、游戏、抽奖、优惠活动等，这些都需要提前制订好执行方案并体现在直播脚本中。如在直播过程中可以引导用户回复统一的口令"666""1""想要"等，在用户回复之后再来进行下一款产品的介绍或者截屏抽奖。在抽奖时一定要做到公开、透明；如果有实物产品，主播要拿在手里给用户做展示。抽奖不要太集中，分散到整场直播的不同时间，有利于长时间地留住用户。产品的优惠信息也是与用户增强互动的有力武器，在直播中主播需要不断提醒用户产品的优惠力度及领取规则。

（4）引导成交

直播带货最终是要把产品销售出去，因此主播需要不断地提醒用户去下单购买，但由于不同产品优惠力度、购买途径不同，因此在直播脚本设计时需要运营人员针对不同的产品设计不同的引导用户下单的话术。

（5）为下一场直播预热

一位成熟主播的直播带货应该是有周期性的，不是什么时间想开直播就开直播。因此在一场直播即将结束时，需要对下一场直播进行预热，吸引留在直播间以及刚进入直播间的用户关注主播的下一场直播。用户的留存是直播带货很重要的一点，只有让用户养成习惯才能培养用户的信任感与黏性，提高转化率。

6. 直播节奏

直播节奏指的其实是整场直播的时间规划，确定每个时间段的直播内容，并把这些一一体现在直播脚本中，有助于主播把握整场直播的走向、优化直播流畅度、提高用户的观感体验，有条不紊、张弛有度地完成整场直播。把握直播节奏有3点需要运营人员格外注意。

（1）直播前根据直播内容进行视频拍摄并进行多渠道宣传

"视频+直播"是目前的趋势。很多大主播在开直播前都会拍摄跟直播内容相关的视频并发布，进行前期的预热和引流。这样做的目的是吸引更多对直播内容感兴趣的用户观看直播，在直播未开始时就积累了大批想要观看直播的用户，使直播未播先火。

（2）直播过程中多次明确直播主题、目标及内容

直播中要反复明确自己直播的主题。无论是开场预热还是品牌介绍，或者是

整场直播活动的简单介绍,给用户传输直播主题及内容是非常关键的一点,要让用户明白"我在看什么""我能得到什么""有哪些福利和产品"。一件产品一般进行 15~20 分钟的讲解,然后用 5~10 分钟重复直播目的、希望达到的目标或者消费者互动能够得到的好处。

这个阶段最重要的是直播的内容要和最开始确定的目的相呼应,一定不能像电视购物一样卖东西。在直播的过程中,主播在强调自身的专业性以获取用户信任、增加用户关注度的同时,还要不断强调产品的特殊性、适用性,给用户提供独特的产品视角,提高产品的转化率及客单价。

(3) 直播过程中的舆论导向

在直播过程中,可能会出现很多不和谐的声音,需要主播具备处理这类突发事故的能力以及需要运营人员提前设计好出现这类情况的处理方法。

大部分直播内容都是分阶段进行的,每个阶段都是并列关系,但由于很多用户是中途进入直播间的,并不清楚主播之前讲了什么,就需要主播在每个阶段进行衔接,这也是直播节奏的体现。

7. 直播分工

直播是一个动态的过程,其中涉及直播人员的配合、场景的切换、道具的展示等。这些需要在直播脚本上提前做好标注,一方面是为了使直播的筹备工作更顺畅,另一方面也会让直播现场人员的配合更加默契。如主播负责留住用户、介绍产品、引导成交;助理负责直播互动、发放福利;客服负责上架产品等。一个优秀的直播脚本,一定考虑到了整个流程中各个环节的团队配合,从而让直播过程更加流畅。

8. 活动总结

在直播结束后,要及时进行活动总结与复盘,具体的时间也应体现在直播脚本中。

以上是一场直播的脚本中所应包含的要素。虽然直播脚本大同小异,但还是需要主播根据自己的实际情况做调整。这里给读者介绍几个带货直播的脚本模板,方便读者参考,如表 6-3~表 6-6 所示。

第6章
带货直播的四大前期准备

表6-3 直播工作计划表

工作类别	工作项	细节	负责人	18 六	19 日	20 一	21 二	22 三	23 四	24 五	25 六	26 日	27 一	28 二	29 三	30 四	31 五
定位	定位五步曲	我是谁/面对谁/提供的服务/解决的问题/个人愿景	×××	人设设定	人设设定	人设设定											
	调研	知己知彼，确定自己的直播风格	×××		调性设定	调性设定											
产品选款	选品	自营产品、工厂溯源、时装周	×××				首批选款	首批选款	首批选款								
	定价	对比市场同类产品、卖点、定价	×××														
	货品比例	引流款、利润款、常规款	×××														
直播同准备	地点（自选）	工作室、工厂、店铺、背景墙	×××							场地准备							
	灯光（自选）	环境灯、侧光灯、前置道具、尺寸	×××							选购							
	布景（自选）	背景墙纸、摆设道具、尺寸	×××							选购							
	声卡（自选）	麦克风、收音设备等	×××							选购							
直播筹备	流程策划	直播间促销活动、流程策划	×××								设计						
	产品卖点	根据选出的款撰写卖点文案	×××								设计		检查				
	人员分工	安排直播间人员的工作	×××								设计						
	准备工作到位	留意直播间动态、烘托气氛	×××														
	主题风格策划	按人群、季节等制定主题	×××								主题构思						
渠道筹建	大众门户	抖音、快手短视频引流	×××										预热	预热	预热		
	社交媒体	小红书、爱逛等垂直媒体引流	×××				预热	预热					预热	预热	预热		
	双微引流	微博、微信引流	×××				预热	预热					预热	预热	预热		
																预备	开播

表6-4 直播脚本

直播主题					
直播时间					
主播					
内容提纲（直播流程）					
流程	时段	时长	直播内容	时长分配	备注
预热环节	15:40～16:00	20分钟	与提前进入直播间的用户随意聊天互动，提醒用户关注分享直播间，做开场准备		
开场（主播开场介绍）	16:00～16:15	15分钟	自我介绍（重点突出主播专业度、知名度）	2分钟	
			介绍本次直播时长、直播流程	3分钟	
				2分钟	
			什么是……	2分钟	
			为什么……	3分钟	
			介绍直播间权益、直播福利	3分钟	
产品介绍	16:15～17:15	60分钟	品牌介绍	5分钟	
			产品介绍	45分钟	
			引导关注产品	5分钟	
			引导下单	5分钟	
总结	17:15～17:20	5分钟	再次强调达人人设和账号定位，再次引导关注达人，成为忠实粉丝	5分钟	
直播复盘					
复盘			直播视频剪辑供后期宣传，发现问题、调整脚本、优化不足，分析达人关注、会员数量、加购收藏、直播停留时间、点击转化率等数据	复盘人员	

第 6 章
带货直播的四大前期准备

表6-5 ×××直播脚本

直播主题	
主播	
主播介绍	
内容提纲（流程）	
1	前期准备（直播宣传、明确目标、人员分工、设备检查、产品梳理等）
2	开场预热（适度互动、自我介绍等）
3	品牌介绍（强调关注店铺、预约店铺）
4	直播活动介绍（直播福利、简介流程、积极引导）
5	产品讲解（从外到内、从宏观到微观，语言生动真实）
6	产品测评（360°全方位体验，站在用户的角度）
7	与观众互动（案例讲解、故事分享、疑问解答等）
8	试用分享、全方位分析（客观性、有利有弊，切忌夸夸其谈）
9	抽取奖品（穿插用户问答）
10	活动总结（再次强调品牌、活动以及自我调性）
11	结束语（引导关注、预告下次内容）
12	复盘（问题发现、脚本调整、优化不足等）

表6-6 4小时的直播脚本

时间	主要内容
开播前3分钟	进入直播状态，与粉丝打招呼、互动
开播3分钟～10分钟	介绍本场直播的1～2款热门产品，并开始进入签到抽奖的环节
10分钟～15分钟	对今日新款和助推产品进行前期曝光，营造出直播间的氛围
15分钟～25分钟	对直播间所有产品进行走马观花式的介绍，让用户对所有产品有一个基本了解。在这个时候不要管用户的留言，也不要管用户的问题，助理注意在旁边摆放产品，给用户留下印象
25分钟～135分钟	对各个产品进行逐一介绍，每个产品按照单品脚本的要求给用户介绍，而且在这个过程中可以穿插几个整点抽奖活动，调动大家的购物热情
135分钟～195分钟	最后一小时的返场中，可以对一些产品进行加量售卖。对一些卖得不好的产品可以进行再次推送，具体产品选择看主播自己的安排
195分钟～225分钟	向直播间用户完整演示购买方式，顺便做一些清零活动，促使大家清空购物车
225分钟～235分钟	透露明天的新款，或者见缝插针地回复今日所推荐产品的问题
235分钟～240分钟	强调关注主播，对下次开播时间进行通知，预告下次有哪些直播福利

上面所提供的脚本模板针对的是一场完整的直播，但在直播中还需要准备单品脚本。单品对应的是每一款不同的产品，要根据产品的卖点、品牌、优惠方式制作相应的脚本。

产品卖点是单品脚本的核心之一。如一款衣服，主播需要知道面料、版型、风格、使用场景，才能更好地推荐给用户，但如果在直播间直接穿给用户看，通过视觉性的传达让用户直观感受，可能比专业术语更容易让用户接受。如果单款产品具备信任优势，如名人代言、有专利等，一定要传达给用户，增加用户对产品的信任。下面提供一个简单的单品脚本供新人主播参考，如表 6-7 所示。

表6-7 单品脚本

目标	宣传点
品牌介绍	品牌理念
利益点强调	产品优惠
	用户群体
	产品卖点——使用方法、功效……
引导转化	对自己好一点
	走过路过，不要错过
直播注意点	关注主播
	分享直播间
	点赞
	下单

6.5.3 这样策划活动，快速"引爆"直播间

直播间活动策划得好，能够快速"引爆"直播间，勾起粉丝的购买欲望。读者可以从以下 3 个层面来简单设计直播间的活动。

1. 介绍"夺心"

这个很简单，就是将直播活动的介绍精简到用户一听就明白。这里有两个公式可以用作参考："利益点 + 支持点 + 促销点"及"特点 + 利益点 + 促销点"。

（1）利益点＋支持点＋促销点

案例：××护肤品能够美白淡斑，因为里面含有××，今晚直播间5折优惠。

（2）特点＋利益点＋促销点

案例：××口红超显白，让你成为聚会女王，今晚直播间买一送一。

2. 规则"夺心"

简单的规则让用户一想就能够明白，如"全场零食9.9元，晚8点直播间抢购""直播间全部商品1元"等。

3. 优惠策略

用户并不一定喜欢便宜的产品，但用户在很大程度上喜欢优惠。"产品优惠＝用户感知超值＝产品超值＋价格超值＋赠品超值＋心理超值"，如"苹果手机5折优惠并赠送手表，周五晚8点准时直播"。

价格超值可以从打折、优惠券、伪低价、分档价、尾低价等方面思考。如"伪低价"，东航推出"周末放心飞"套餐，每个人只需3000多元就可以全年周末免费飞，在年中6月份推出，那用户只剩下6个月的时间可以使用，约等于有24个周末可以使用，看起来很划算，但并不是每个周末都有时间乘坐飞机，也不是每次都能正好赶在周末乘坐飞机，但这依然吸引了很多用户购买套餐。再如"全场9.9元""全场99.9元"，标价以0.9结尾，虽然只少了1角钱，但给用户的感受是少了1位数。如优惠券，给用户100元的优惠券，和直接降价100元，虽然从产品最终的售价来看，没有任何变化，但是对于用户来说，有着千差万别。对于使用优惠券的用户来说，最直观的感受就是这个东西是××，一直没有变过，但是因为使用了优惠券，所以比别人就少花了××，同样的产品比其他人买得便宜，那就获得了优惠。同时产品的价格并没有降，不会降低用户对产品价值的观感。如分档价，将用户从买不买转变为买多少：如两件立减60元；买二赠一；一件19.9元，第二件9.9元，第三件0元等。

赠品超值除了赠品的质量更多体现在赠品的数量上，买一送五就比买一送一显得优惠,哪怕送的5件是小样,但用户看到的是量多。赠品就是要让用户感觉通过额外的产品或者服务提高了商品本来的价值,用直接的利益点来刺激用户下单,提高销售额。因此赠品的选择也很重要。

赠品选择的大前提是一定要与产品的功能、特征、品牌属性和内涵相吻合。最好的情况是这个赠品首先能提升这次活动的销售额和满意度;其次赠品的体验也能让用户再次购买产品,即起到小样的作用。比如你买了一套护肤品,商家赠送了你两片面膜,你用了觉得还不错,那你可能会再次购买面膜。但如果你买的是护肤品,商家的赠品依旧是同款护肤品的小样,其效果就有所减弱。一般来说,赠品由商家提供,但也有部分赠品是主播自己购买赠送给用户的,这时就需要有针对性地选择赠品,有4个原则可以供主播参考,分别是有用性原则(日常消耗品)、珍稀性原则(看上去价值高但价格低)、迫切需求性原则(应急刚需)、趣味性原则(有趣、好玩)。

心理超值让用户自我说服,产品的稀缺度、社交属性、价格锚点等都构成了对用户心理的刺激,如"××和××跨界联名款,送周边,直播间抢""两人拼团享6折优惠""原产地打包发货""错过今天,只能等明年""限时折扣、限量赠品"。

直播过程中最浓墨重彩的活动就是直播间抽奖,而抽奖又分为开场抽奖、整点抽奖、问答抽奖、截图抽奖、满屏抽奖、倒计时抽奖。

开场抽奖:在直播刚开始时,为了快速地积累人气,可以策划"满××人抽奖"的活动,增加直播间用户的停留时长,引导用户分享直播间链接,提升用户参与度。

整点抽奖:为了更好地留住用户,可以设置每个整点时间抽一次奖,如"20:00抽奖""21:00抽奖""22:00抽奖"。

问答抽奖:在直播过程中主播与用户进行互动,引导用户回答问题,回答正确的第一个用户可以获得奖品。

截图抽奖：主播在与用户互动时，引导用户回复统一的口令，回复口令并被截图的第一个用户可以获得奖品。

满屏抽奖跟截图抽奖一样，只不过是在截图里回复了口令的所有用户都可以获得奖品。

倒计时抽奖可以与整点开奖结合在一起，在即将到整点时，提前开启倒计时模式。如提前5分钟提醒直播间的用户们，马上就有一轮抽奖了。话术参考"想要福利的朋友，输入'我想要'三个字，我们马上开始倒计时10秒，但是只有关注主播、加入粉丝团的朋友才能领取福利，所以还没有关注直播间的朋友，给主播点点关注，点亮小爱心，加入粉丝团，这样就能享受到福利了"。然后一边倒计时，一边引导粉丝加入粉丝团，这样既可以快速地调动直播间氛围，引起用户互动，也会让新进来的用户快速参与进来，而不断刷屏和打赏的直播间，热度会不断上升，平台会逐渐推送更多的流量，形成一个良性循环。在直播中还有一种关于倒计时抽奖的互动游戏，主播前面摆放了一个秒表，规则是每3分钟抽一次奖，通过秒表计时，时间到了秒表会响，这时主播就开始进行抽奖。

直播间活动策划还可以与平时的营销节日相结合，如情人节、妇女节、母亲节等，文案如"母亲节全场产品半价优惠，祝所有妈妈们母亲节快乐""母亲节为妈妈买套化妆品只需999元"，这一类文案很容易触及用户感性的一面，激起用户的消费欲望。

6.5.4 开播前的试播与演练

直播要做计划、做演练、做复盘，但在开播前如何做试播演练呢？

首先主播要明确试播的目的，试播目的有二，即一升一降。一升指的是要提升实际直播时的流畅度。因为每场直播推荐的产品可能不一样，每次直播的流程会有不同的调整，而对一段之前没有练过的话术、没有走过的流程，任何一个人可能都会显得生疏，而试播就是为了提升主播对直播脚本与流程的熟悉度，使直播过程更顺畅，避免混乱。一降指的是降低实际直播中的出错概率。在直播中，最忌讳的就是说错话、介绍错产品，因为是直播，主播要直接面对镜头、面对用户，说错话很难挽回，容易出现"翻车"事故。如果产品的优惠说错了，用户发现主播所说的优惠跟自己实际购买时的优惠不一样，在直播间里就很容易出现负面的言论，影响后续用户的购买，降低转化率。如某位主播在上架产品时，产品的实际优惠跟宣传的5折优惠不符合，导致直播间清一色刷屏指责，最终主播自己掏钱补贴了直播间用户。因此直播前的试播必不可少，那试播主要试什么呢？

试播的重点有三：一是直播流程与产品顺序；二是要关注产品试用情况及卖点；三是要注意直播间的活动信息、优惠政策。

1. 直播流程与产品顺序

在直播脚本中，会把什么时间介绍什么产品罗列出来，对于新人主播来说，一定要按照直播脚本中的产品顺序来为用户推荐产品。一般来说，直播脚本中的产品顺序与整场直播的整体效果息息相关，前期是低价品，用于激发直播间用户的购买欲望；之后再介绍其他的热门产品、利润产品等。一场4小时的直播，会有十几种甚至几十种产品来回穿插，在产品多了的情况下很容易出现混乱，所以试播时一定要确认每款产品的上架顺序，不能出错，一旦哪个产品的顺序出错了，后面的产品介绍就会产生混乱，如本来该上架××零食，但主播却在介绍××日用品。

2. 产品试用情况及卖点

在直播间里，很多卖衣服、卖化妆品、卖零食的主播都会给用户进行试穿、试用、试吃，让用户看到产品的动态效果，从而刺激用户消费。如果是衣服一定要选择适合主播的尺码，不然穿起来效果就会不好。每款产品主播最好都试用一下，确保不会出现直播事故，如某款口红的卖点是显皮肤白，主播在直播间试用时却发现很显黑，这可能会降低用户的信任度。产品的卖点需要主播提前进行了解、熟悉甚至背诵。

3. 直播间活动信息、优惠政策

确保直播间的活动信息、优惠政策、领取规则等不会出错。用户在直播间听主播讲了 20 分钟的产品，可能就是为了最后获得优惠并下单，但主播说这款产品可以 100 元买到，用户付款时发现需要 160 元，用户就会产生怀疑，怀疑主播是虚假宣传，欺骗了消费者，甚至会对主播进行举报，严重的情况下平台会对直播间进行封禁。

在试播结束后，主播及团队成员要总结在演练过程中出错的点以及衔接不顺畅的点，及时调整直播脚本，改正错误的、有风险的点，优化整个直播流程。

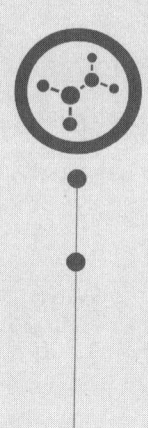

第 7 章
如何打造一场千万级的带货直播

第 7 章
如何打造一场千万级的带货直播

2020年直播行业呈现出了前所未有的活力，同时也面临着更为激烈的竞争环境，未来实体经济的每一个领域可能都将不可避免地与直播产生联系。直播带货正在创新消费方式，但热闹的背后，我们需要回归更本质的思考：直播仍然是一种内容传播形式，其根本动力在于用户有想看的内容及创作者（主播）有内容可传播。

7.1 造势与预热

目前就抖音这一平台来说，其短视频与直播相辅相成。短视频内容受欢迎，会为直播带来更多的精准流量，但是总有很多人忽略这一部分。

其实，这就像线下某个地方要办博览会，超市要做大型会员活动，一般会提前进行宣传。宣传方式如在公交车、出租车上投放精美的广告，在周边社区发放传单等，来吸引更多消费者的目光。这样，在活动开始时，我们才会看到热闹的场面。

因此，行业内有这样一句话："预播做得好，销量没烦恼。"

7.1.1 开播前发布视频为直播预热

虽然没有粉丝也可以开直播，但这样可能会出现一种尴尬的场景：直播间里一个人都没有。这种情况应该如何改善？答案是学会在开播前发布作品为直播预热。直播预热可以分为以下几个部分。

1. 直播预热内容

那么直播预热的内容要包含哪些呢？

首先，预告直播时间，即主播将在哪天、哪个时间段直播。

其次，预告直播主题，即围绕什么进行直播。

再次，预告直播的内容和产品，产品的卖点是什么、对用户有哪些好处。这时要考虑怎样吸引用户来看直播。这里需要注意，不要把所有的产品都罗列一遍，否则会使直播失去神秘感，使用户的期待值下降。预告产品是为了让更多的用户把直播的消息分享出去。主播需要选取用户感兴趣且性价比高、愿意主动去推荐给身边人的产品作为预告的产品。

最后，预告直播的福利，即直播间里会有哪些福利回馈给用户。

预热的内容不是一成不变的，可以是一种或几种不同的搭配，以产生更好的效果。并且根据直播活动的规模、目的的不同，预热的视频可以有多条，每一条视频侧重一个点。

做直播预热需要提前拍摄好短视频，其内容可以是主播挑选产品的过程、产品的生产过程、主播与商家砍价的过程、主播试用产品的过程……只要是主播认为还不错的素材，都可以提前拍摄下来，以便后期使用。

千万要记住的是，在做预热时，尽量不要说出全部产品的价格与福利，而是邀约用户，在直播时进行揭晓；预热的产品不要超过3款；有预热福利的话，可以把部分产品的活动价格和原价在图片中以对比的形式展现出来，让用户能清楚地知道在直播间买与在其他地方买的差别。这样，短视频平台的用户就可以通过预告提前了解直播的内容。如在抖音上，用户既然能看到预告内容，就说明用户对这方面感兴趣，而感兴趣会促使用户点击主播头像，进入直播间。相对来说这些都是精准用户，转化成交的概率会比较高。

另外，预热时可以提前上线部分产品，利用产品特点吸引用户，这样在开播以后，平台会给直播间智能推送更多精准用户。

很多知名的带货主播，在做直播预热视频时会选择"好处+悬念"的组合，好处包含产品的折扣（如5折优惠）、产品的优惠活动（如买二赠一）、神秘大奖等，悬念的文案是"××日××点直播间等你"。因为知名主播更具备价格优势、产品优势、品牌优势，利用这样的组合就会吸引更多的用户进入直播间。新人主播要做的就是不断向知名主播们学习，争取有一天也成为知名主播。

主播在发布完直播预热的视频后，需要引导视频下方的评论区风向，与用户进行有效的互动，引导用户关注、转发。如回复"点赞数量最多的前××名，获

第 7 章
如何打造一场千万级的带货直播

得××折购买产品的优惠",或"1元购买产品的专属链接",甚至是"××产品免费送"。这个需要主播和商家考虑好成本问题,让用户感觉优惠力度真的很大。用户想要获得点赞数量第一名,就会积极地邀请好友来点赞,这就是一场免费的传播,操作得当的话,会形成病毒式营销,真正做到未播先火。

白菜价产品引流的案例,在各行各业中数不胜数,一般都是通过一款价格极低的产品(甚至是免费的产品)来吸引用户的关注与消费。

就像卖玉石的主播经常会拍摄"免费送"系列短视频,背景是一大堆玉石挂件,配上醒目的文案(免费送、不要钱、都是真的、不要白不要等)吸引用户的关注,如图7-1所示,并预告直播时间,承诺在直播时会免邮送给大家。仔细去看这一类视频的评论区,会发现有很多用户都被这样的营销行为所吸引,纷纷评论"怎么领取""是不是真的""哪里领取"等,主播就顺势引导这些用户进入直播间,为直播间增加人气。

如果产品成本较高,送出去不划算,那么免费送的可以是其他产品,这里将免费送作为噱头,如送数据线(既是刚需,成本又低),但对用户的吸引力会下降。毕竟玉石在大众的印象中是很贵的,可以免费得到的话,用户会感觉自己占了大便宜,因此用户可能会一直待在直播间里等待免费获得玉石的机会。

2. 预热信息的发布时间

当主播确定好直播时间并准备好相关材料后,什么时间段发、怎么发预热信息就是主播首先要考虑的问题。

(1)视频预热

如果是大型活动,如天猫"双十一"、京东

图7-1

"吃货节"、大型换购活动等,需要提前 3~5 天发布预热的短视频。这样不仅可以更好地激活老粉丝,还可以沉淀一批新的粉丝,为后续的直播蓄能。像罗永浩的第一次直播,因为是首秀,噱头足,所以提前 5 天就发布预热视频,而第二次直播,则是提前一天做的视频预热,预告了直播时间、直播产品内容,如图 7-2 所示。

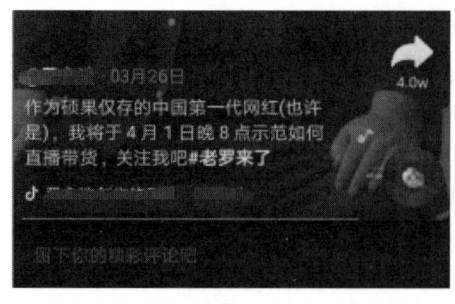

图7-2

(2)直播预热

一般来说直播前的 1～3 小时是发布直播预热最好的时间,因为在抖音这一类短视频平台上发布的视频会进行审核,审核通过后会根据用户反馈进行流量分配与推送。这个时间一般持续 1～3 小时,所以这一时间段会有流量高峰期。如 20:00 要开播,那你最晚要在 17:00 发布直播预热,以此类推即可。

(3)个人主页预热

在抖音的个人主页修改名字与个人简介,告知用户直播时间。这里需要注意的是,不要修改得过于频繁,确定好固定的直播时间后再把这一项加入个人简介,如图 7-3 所示。

图7-3

7.1.2 在粉丝群内预告直播时间

在信息爆炸的时代,想让更多的人通过直播了解你、了解你的产品、了解活动,最有效的方法就是尽可能多地传播。目前可用于传播的渠道有很多,但最为精准的就是粉丝群。因此,要在不同的时间点多次在粉丝群内预告直播时间。

在直播开始前,主播可以在粉丝群内预热,发布相应的群公告,引导粉丝进行宣传、分享,并为其设置单独的粉丝福利,让其觉得自己与其他普通用户不同,这样他们更愿意主动地为主播宣传。

以 2020 年 4 月 1 日罗永浩的首次直播为例,我们来拆解其直播前是如何在粉丝群内进行直播预热的。

首先他的团队会在群公告中预告直播主题,促使粉丝宣传,群公告如图 7-4 所示。

```
大家早上好\(@ ^ 0 ^ @)/♪
不赚钱!交个朋友~感谢对罗老师的支持!

大家修改昵称为:地域 + 微信昵称,如 北京 + * * * 小助理

原定于12点发送的直播预告取消,官方话术是:保持神秘感~晚8点抖音见~超多好货超多优惠等你!

群内活动预告:
4月2日至4月9日之间,1日当天罗老师直播期间的订单截图发朋友圈后,私聊【交个朋友科技首席推荐官小助理】,随机发放1~50元现金红包!

温馨提示:
1、提前在抖音搜索【罗永浩】点击关注
2、准备好钱
3、如果我一直不回消息,一定是我被淹没在了消息的海洋

为避免微商代购进群发广告、私加好友打扰粉丝,一经发现直接请出群,谢谢大家理解~
```

图7-4

在罗永浩直播的前一晚,粉丝群内发起了关于直播产品清单的讨论:为什么是这些产品?价格优势是什么?打算买什么?这相当于直播的再次预告,激发了粉丝的兴趣与关注,如图 7-5 所示。

直播当天的凌晨以及上午，罗永浩的团队在群内多次发布群公告，不断地提醒粉丝关注抖音号，尤其是准备好钱，这是一个善意的提醒，更是一个槽点，可以引发群内粉丝讨论，提升粉丝群的活跃度。

目前粉丝群已经是直播预热的关键板块，可以在粉丝群内为粉丝提供更多的福利，与粉丝互动交流，增加黏性，为后续直播做好预热。

再来分析一下李佳琦的粉丝群，借鉴一下知名主播是如何管理粉丝群并在其中预热的。

在刚进入粉丝群时，机器人会发送群规，如图7-6所示；在直播前，群内会提前发布直播预告，其中包含时间、地点、产品。

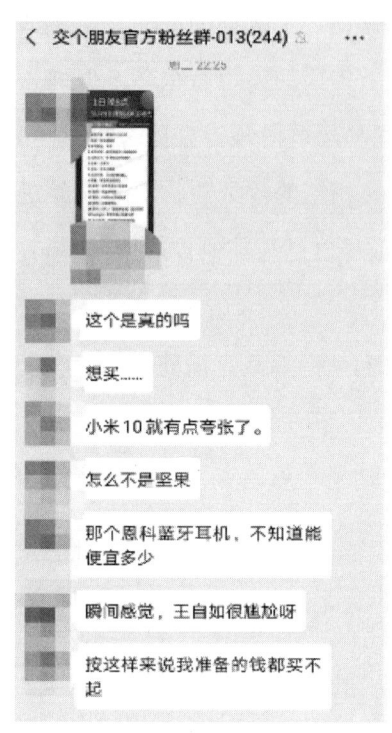

图7-5

在直播当天，李佳琦的团队会多次在群内发布群公告，预告直播时间、直播产品，来引起粉丝讨论并收集粉丝意见，引导粉丝下单，如图7-7所示。

粉丝群是主播可以多次触达粉丝的地方，属于自建的不受限制的免费"资源池"，因此如果你还没有自己的粉丝群，则要抓紧筹备、创建自己的粉丝群。粉丝群可以是从短视频引流过来的粉丝，也可是直播中加进来的粉丝。

但需要注意的是，粉丝群需要主播用心地去运营与维护，粉丝群的群主、管理员最好是主播自己或是公司内部人员，头像最好统一用主播的形象照，这样不但可以增加用户对主播的印象，还可以避免粉丝流失。

第 7 章
如何打造一场千万级的带货直播

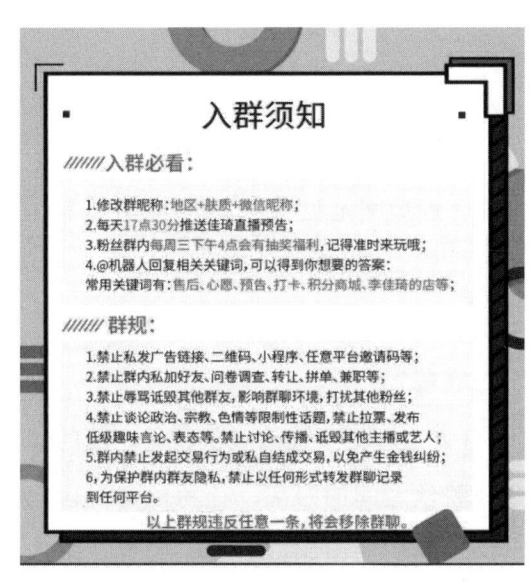

图7-6

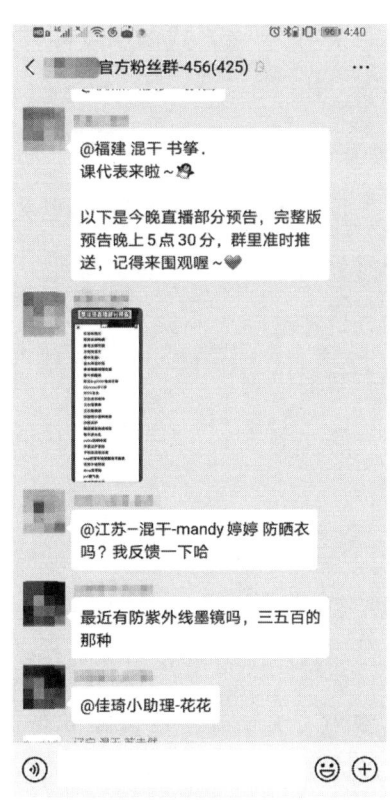

图7-7

7.1.3 利用朋友圈进行造势宣传

微信拥有 10 亿月活跃用户，即使是抖音、快手等各大短视频平台，依然无法撼动微信的地位——做社交，微信是认真的。

而朋友圈就是基于微信生态的一个有利的宣传武器。微商行业从 2010 年兴起，2014 年火爆，目前依然存在，这证明了微信朋友圈是一个很好的营销阵地，因此在直播前利用朋友圈造势宣传必不可少。

一些知名主播在直播前会在朋友圈进行宣传，公布直播的时间、产品，但没有价格，以引起粉丝的好奇，让朋友圈中的人即使不买，也想知道这些产品在直播间里会是什么样的价格、有什么优惠。

采用"6+1"式的朋友圈营销策略，可以在未开播时就把直播间的氛围带动起来。

下面来拆解一下一家服装店在直播前的朋友圈文案。

第一条文案：你们期待已久的抖音直播，明天19:00将开启福利团购第二场，捂好你们的钱包，不要外露哦。

这条文案先回顾了上一期，勾起用户的回忆，接着预告这次直播的时间，暗示有很多福利。

第二条文案：4月9日19:00，我们抖音直播间不见不散，50款团购福利等着你……

这条文案里充分展示了直播三要素——直播时间、地点、产品福利。

第三条文案：今晚的约会，你们准备好了吗？

直播当天早上在朋友圈提醒粉丝今晚有直播。把直播改成与粉丝之间的约会显得更有人情味，这样瞬间拉近了主播与粉丝之间的距离，让粉丝觉得自己面对的不是冷冰冰的商家，而是一个优雅的、亲切的姐姐或是一个帅气、阳光的哥哥。

第四条文案：还没有关注我抖音的朋友抓紧关注一下，今晚依然是抖音直播。

这条文案提醒还没有关注的用户抓紧关注直播间，今晚主播会在直播间与大家见面。

第五条文案：晚上抖音直播间继续福利大放送，19:00，不要错过哦。（17:00左右发布）

17:00左右主播再次提醒粉丝，今天19:00直播间有福利放送。这个时间一般大家都准备下班了，有时间刷刷朋友圈，所以时间点选得很不错。

第六条文案：好紧张，又要和大家约会了。

在上条朋友圈发出后半小时左右发出，以主播的心情作为朋友圈的内容，说自己对今晚的"约会"感到很紧张。像不像一个情窦初开的少女，第一次与心上人约会前的心理状态？既兴奋、又紧张，既忐忑、又期待，很好地拿捏住了粉丝的心理。因为店家是做女装生意的，面对的粉丝群体是 20～30 岁的年轻女性，这会勾起她们的一些回忆，自然而然就会来你的直播间，为你加油打气。

第七条文案：晚上直播的九牛一毛。

直播前一小时，放出晚上直播的部分产品，并以视频形式进行展示，因为现在的消费者更看重衣服本身的设计感、线条感、时尚感，所以服装类产品的视频展示效果要高于平面展示效果。

除了预告，主播还可以在开播前 10 分钟，把直播链接分享到微信朋友圈，提醒微信好友来围观直播。因为人都是有好奇心的，而微信朋友圈相对来说是个私密的圈子，出于支持心理，一般来说会有很多好友通过分享的直播间链接进入直播间，还可以提醒那些错过预告的粉丝，抓紧时间进入直播间。

7.2 热门标题与封面设计

在开通直播时，写好直播标题是一个重要的环节，好的标题可以体现主播有趣的灵魂，它可以提高直播间的打开率。一个好的标题就等于成功了一半，会更容易吸引粉丝的目光，不够吸引人的标题无形中会埋没优质的内容。怎么写标题才会更吸引用户呢？

7.2.1 教你快速成为用户喜欢的"标题党"

首先要记住两大原则，一是能够准确地定位直播内容，二是能够引起用户观看的兴趣。那如何写标题才能让用户喜欢而不讨厌呢？

1. 标题类型

再短的标题也是文案的一种，直播间标题就属于短文案。如何利用短短的一行字激发用户观看直播的欲望？这就需要我们在文案上多下功夫、多用技巧。下面简单分享以下几个文案创作技巧：直奔主题型、痛点型、热点型、逆向表达型、幽默型、教学型、悬疑型、紧迫型。确定标题的类型后还需要根据直播内容以及受众随时调整标题文字。

（1）直奔主题型

这一类标题主旨鲜明，没有文字套路，如"保暖内衣打5折""洗衣液买一送二""母乳的喂养技巧"。一看标题，用户就清楚你的直播内容是什么，有什么产品，在做什么活动。这样的标题再直接不过。但缺点是缺少神秘感，对这个产品或活动不感兴趣的用户会直接划过。

（2）痛点型（你害怕什么，我解决什么）

这一类标题的核心在于戳中用户的痛点，并给出相应的解决方案。那什么是痛点？

痛点就是使用户产生恐惧、害怕等情绪，并想主动寻求解决方法的问题。但很多人错误地理解了痛点，以为不舒服、不满意就是痛点。生活中我们会有很多不舒服、不满意的地方，但并不是所有的都会让我们感到恐惧，只有构成恐惧的，才可以被称为痛点。

理解了什么是痛点，那怎么戳中痛点呢？

最简单的方法就是卖家深入挖掘用户的需求点，了解用户想要解决的问题，以用户在生活中的烦恼为核心，将产品与解决问题的方式联系在一起，并巧妙地运用到标题中去。这样用户在看到标题时，就会有种被你挠了一下的感觉，能瞬间吸引用户的注意，让用户想要进入直播间寻求答案。

如想要显瘦、想要变白，是大部分女生的痛点，如果标题是"腰粗女孩显瘦穿搭""显白亮肤的平价唇釉"，那么想要显瘦、变白的用户，就会产生一探究竟的冲动和欲望。相对胖一些的人很可能有买不到合适衣服的困扰，不是没合适的尺码，就是穿起来不好看，如果我们的标题是"大码女装神奇显瘦"，就会吸引有这方面问题的用户进入直播间。所以我们需要分析目标用户的痛点有哪些，我们

第 7 章
如何打造一场千万级的带货直播

的产品又能解决哪些痛点,二者结合起来,可能就是一个抢眼的标题。

(3)热点型(热点事件、热点新闻)

在抖音上,每天都会有很多的热点事件,有热点的地方就有流量。对于直播带货来说,可以借助热点提升点击率,但有一点要注意,违背道德的热点不要"蹭",跟自己产品完全搭不上边的热点不要"蹭"。最好是根据自己的产品来选择合适的热点,并且"蹭"热点一定要快,不要等到相关事件的热度降下去了,还没有"蹭"上热点。每天空闲的时候,多搜一下抖音的热搜榜单,上面会有每天的热点事件,如图7-8所示。

图7-8

(4)逆向表达型(偏要反着来)

"逆向思维"这一概念这几年一直比较火,改变用户思维可能需要很久,但制造反差感引起用户的注意,可能就是一瞬间的事情。

作为卖家肯定希望更多人进入直播间,下单购买产品,所以需要不断地吆喝类似"清仓大甩卖,走过路过不要错过"的宣传语,这是最常见的销售手法。而逆向思维就是反着来,摆出高姿态,不求着用户买,实际上却会促使用户下单。像"千万别买,我怕会爱上它""别点,点就省钱""有点贵,但×××都在用",先是给用户制造一个千万不要干什么的概念,引起反差,然后告诉用户原因,这样一来用户购买的可能性就比较大。

(5)幽默型

短视频平台首先是一个休闲娱乐的平台,所以很多用户看直播时,其实没有太强的购买欲望,而是为了娱乐、缓解压力,所以一个有趣、幽默的标题,可能会让用户有想点进去的欲望。例如"赶快下'斑',不许'痘'留""我这不是肥,是梦想要起飞"。这些标题既押韵,又搞笑,能够有效吸引用户的眼球,为主播树立一个有趣幽默的形象,为直播间注入新鲜的血液。

(6)教学型(知识干货类,可以学会某项技能)

这一类标题给用户传递了"不仅能在直播间买东西,还能边买边学怎么用,而且能很快学会"的信息,如"零基础学跳舞""短视频如何变现""包教包会""速成"是这一类标题常用的字眼,能够有效地抓住用户想要从直播中获得实际利益的心理,也是很多主播常用的标题类型。

(7)悬疑型

悬疑剧、探案剧为什么会那么多人喜欢呢?其根本原因在于,它引起了用户强烈的好奇心。好奇是人类的天性,利用好奇心来设计标题,可以抓住用户的眼球,使其惊讶、产生猜想,从而激起用户观看的兴趣,进而提升点击率、成交率。例如"每天狂吃不胖反瘦""我的粉丝量是如何从0到100万的""'网红'冷饮原来是这么制作的"。

(8)紧迫型

这一类标题会给用户传递一种紧迫感,加快用户点进直播间的速度。如"第一次直播,1万单小龙虾,给钱就卖""快来,免费送,仅限半小时""一线香水1折限时抢购"这种类型的标题很符合用户想省钱的心理,使其因怕错过便宜的好货而点进直播间。

除此之外,标题的类型还有福利型、恐吓型、揭秘型、故事型、情感型等,在看他人直播的时候,我们可以有意识地去搜集相关的标题,制作自己的标题库,方便后期使用。

2. 标题的设置技巧

下面根据以上提到的标题类型,来对标题进行优化。毕竟标题在很多时候是用户进入直播间的第一扇门,能够让用户一眼看过去就想进入你的直播间。设置标题时，除了文案外，还需要技巧的加持。

（1）字数要求

尽量简短，字数为5～15个字，如果标题过长不能够在屏幕中全部显示出来，反而不利于直播内容的展现。标题虽然短，但也要五脏俱全，浓缩短视频的精华，将其亮点、风格、主题呈现给用户。

（2）标题亮点

能够引发用户共鸣的标题，会提升用户的点击率，这个跟上面提到的痛点型标题、教学型标题可以结合起来使用。假设主播是做美妆的，标题可以是"有黑头（皮肤油脂在空气中被氧化而形成的黑色粉刺，发臭发黑）困扰怎么办，三招教会你去黑头"。

（3）标题禁忌

一定要符合各个平台的规则，不要违规，不要出现粗俗、骂人的字眼。抖音是一个记录美好生活的平台，所以标题一定要体现正能量。

（4）标题位置

按照优先级排序，把重要的词汇放到标题的前面。因为最前面的字一定是最抓用户眼球的，放到前面显而易见的好处就是用户第一眼就会看到关键词，只要用户对关键词感兴趣，就会点进直播间观看。但切记，不能过分夸张，要符合产品的特性，不能虚假宣传。

（5）标签技巧

学会打小标签。小标签更具针对性，吸引的用户更加精准，可以快速地吸引用户进入直播间，相对"泛粉"来说更利于成交转化。假设自己是一名主播，直播内容是换季敏感肌肤护理，那标签就打"#敏感肌护理#"，有敏感肌肤问题的用户，可能就会因为精准的标签快速进入直播间。用户有问题才会寻求解决方法，所以主播只需要把握好节奏，在分享知识的时候推荐几波产品，就会有不错的收获。

（6）"1+1" 模型

"1+1"模型即"精准定位/人群+问题和方法"，这一点结合上面的"蹭"热点或热点话题使用效果会更好。吸引力法则中，当用户确定事件跟自己有关系时，会投入更多的注意力，而标题能够做到这一点，也就成功了一半。"第一次买车不想被坑"，这个标题就精准地定位了受众群体是第一次买车的人。其次，一般新手买车时准备不足很可能会被坑，这是隐含的潜台词。而进入直播间之后用户就可以学会如何买车，避免踩坑，主播提出了问题顺带给出了解决办法，用户不想进直播间都不行。

最后，笔者总结了直播带货的主播们经常用到的一些关键词。

① 名词：专场、盛宴、福利、折扣、狂欢、惊喜、大赏、大促、好礼、好货、精品、优惠。

② 动词：登场、抢、嗨、玩转、×××开启/来了/来袭、大放送、特卖、直降、速来、势不可当。

③ 形容词：限量、限时、震撼、火爆、满分、热门、心动。

④ 感叹词：高能、燃爆、购购购。

⑤ 副词：××不停、××多多、值得×、××翻倍、×手软。

⑥ 量词：一大波、全场。

⑦ 符号：多用感叹号。

3. 案例拆解

美食、护肤美妆、母婴、服装是各个短视频平台比较热门的带货领域，这里分别选取一款文案进行拆解。

（1）美食类

标题："吃货放毒之好吃不胖美味坚果休闲零食"。

分析：吃货（目标受众）放毒之好吃不胖（功效）美味坚果（产品）休闲零食（使用场景）。

方法：切入工作和生活中的实际场景，刺激用户食欲，吸引用户眼球。

（2）护肤美妆类

标题："手把手教你打造夏日清爽彩妆"。

分析：手把手教你打造夏日（结合时令）清爽彩妆（产品）。

方法：明确直播的内容主旨，可以以教程、分享的形式展示给用户，尤其是产品卖点跟时下大家关心的话题有关联的时候更要体现出来。

（3）母婴类

标题："×××（专家）育儿知识讲堂之预防近视"。

分析：×××（专家）育儿（目标人群）知识讲堂（直播内容）之预防近视（直播目的）。

方法：让用户了解直播的内容是关于什么产品或者什么话题的，突出知名专家，吸引用户。

（4）服装类

标题："夏装上新 | 女生变美显瘦连衣裙"。

分析：夏装上新（结合时令）| 女生（目标人群）变美显瘦（利益点）连衣裙（产品）。

方法：文字简洁，戳中部分用户的痛点，让用户感觉直播内容与自己有关，进而产生共鸣，有代入感。

如果读者还是不太会起标题，笔者建议去关注 30 个优秀的同行，看一下他们直播时的标题是什么，取其精华，略加修改，换成贴合自己直播的即可，不要标题空着什么都不写，这种行为是不可取的。

7.2.2　如何设计高级封面助推直播

如果说标题是有趣的灵魂，那封面就是好看的外貌。封面图是直播间的脸面，是流量的带入口。作为用户第一眼就能注意到的元素，在确认不违规的前提下，优质的封面能获得更多的流量和播放量。主播只有把每一个小细节都做到极致、做到完美，才有可能打造千万级的直播间。

可能很多人认为，封面图而已，放张好看的图就可以了，有什么难的？

这种想法非常危险，要知道，在过去，要开一家实体店，店主都会绞尽脑汁地去设计门头、Logo 和装修风格，就是为了迎合顾客的喜好，因为这些代表着实体店的脸面。如果说直播间是实体店的话，那封面图就是直播间的脸面。难道说将实体店搬到互联网后，我们反而不重视脸面了吗？

放置封面图的目的，就是触发用户、刺激用户、吸引用户点击进入直播间，激起用户的购买欲望。

想要达到这些目的，首先需要有一张合格并且优质的封面图。

1. 封面六要素

封面是给用户最直观的第一感受，就像你给别人留下的第一印象一样。一个吸引人的封面可以为你的直播间加分。那什么样的封面才叫"吸引人"呢？

（1）清晰简洁

虽然抖音、快手的封面可以添加文字，但尽量不要在图片上添加文字，不要过度美化，更不要在图片上添加水印。

（2）完整的图片

人是视觉动物，所以为了封面能有更好的视觉效果，不要使用拼图，尽量选择一张完整的图片，同时要注意各个平台封面的尺寸问题。

（3）与主播形象保持一致

封面图不要过分追求美颜，否则图片就会失真，而且用户进入直播间后心理会产生很大的落差，给用户造成距离感。

（4）尽量不要用白色背景

白色不够显眼，不能将图片的特色凸显出来，同样直播间内的背景颜色也尽量不要选择白色。

(5)不要频繁更换封面图

尤其是直播刚开始的时候,还没有形成固定的粉丝群体,更换封面图,有些用户就会找不到你了,很可能因此流失大部分用户。

(6)要与标题相呼应

好看的外貌搭配有趣的内在才更容易吸引人。同样,在体现标题内容的同时,给用户更多可以想象的空间,有特色且视觉冲击力强的封面,更易引发用户的联想和好奇,吸引用户点进去观看。

2. 各领域封面选取解析

前面讲解了理论,接下来就分别剖析一下各领域在实际应用中是如何设置直播间封面的。

(1)护肤美妆类

可以选择主播与产品的自拍作为封面,这一类封面可以重点展示主播的脸部,用妆容来吸引粉丝点进直播间,其中包含发型、眉形、睫毛、粉底、腮红、口红等一系列妆容要素的配合,主要突出主播姣好的面孔和精致的妆容,让用户有想进入直播间一睹真容的冲动。

(2)服装类

如果是服装类,可以选择主播穿着直播间要售卖的衣服的照片作为封面。服饰的照片最好搭配相对华丽、整洁的场景;另外直播的标题也要保持一致,如标题为"职场穿搭×××",封面就应该是一个着职业装的漂亮主播。

服装类还可以选择一些热门产品引流,比如一个帅气的背影搭配一个时尚的背包、衣服、鞋子,也会吸引很多喜欢潮牌的用户。毕竟对于当下流行的穿搭,喜欢潮牌的年轻人怎么会不期待自己上身的感觉呢?

(3)美食类

根据直播的主体来确定封面。如果是吃播类,选择食品搭配主播的图片作为封面;如果以产品为主,就可以用产品作为封面。无论是哪种,都需要突出产品特点，如色泽鲜明、肉质饱满等具有特色且富有吸引力的图片。

图7-9

在美食类里，还有一种常见的封面，就是场景式封面，如图7-9所示，直接把直播的场景放在了樱桃园里。随着镜头的转换，用户可以看到一棵棵硕果累累的樱桃树，上面挂满了刚成熟且沾着露水的红莹莹的樱桃，仿佛是用户亲临樱桃园进行采摘一样，不但勾起了用户点击的兴趣，增加了直播间的观看人数，更是吸引了直播间的用户下单购买。

（4）母婴类

根据主题来确定封面。如果是休闲益智类的儿童玩具，那就可以是孩子与玩具的照片；如果是童装，就是可爱的孩子穿着很洋气的衣服的照片。

各个平台对于封面图都有自己的要求，一旦违规就会给出相应的处罚，但总体来说，规则大同小异。这里总结了容易违规的几点，主播在制作封面图的时候，一定要避免。

① 内容低俗，如着装暴露、动作低俗不雅的坚决不要用。

② 不美观、背景杂乱、有文身的尽量不用。

③ 图片出现文字并且与标题重复的尽量不用。

④ 过度添加特效导致封面图人物变形，封面图没有撑满规定区域、两边留白，产品太多杂乱无章没有重点。这些会影响整体效果，都不建议使用。

3. 工具推荐

下面推荐几款实用工具，主播可根据需求选择以制作封面图，如图7-10所示。

图7-10

微商水印相机、创客贴，这两款软件主要用来制作封面图，有很多免费又好看的模板。天天P图主要用来抠图，抠出想要的元素。美图秀秀主要用来对图片进行处理。美颜相机、无他相机、轻颜、激萌主要用来自拍。

7.3 直播间冷启动如何操作

很多主播在刚开直播时会面临直播间没人的尴尬场景，并且不知道如何快速积攒人气，其实这都是因为前期的冷启动没有做好。这一小节，我们就来着重解决直播间冷启动的问题。

7.3.1 做好多渠道分发，让流量倍速增长

一个平台的流量是有限的，即使是日活跃用户数量超过4亿的抖音平台，也不敢说自己掌握了全部的流量，微信、微博、小红书、快手等，同样掌握着很多流量，流量在哪里，就要把内容分发到哪里。而进行多渠道分发，除了能给直播间引流外，还可以增加收益、增加名气、多平台占位、打造个人品牌，可以说是一举多得的事情。

1. 公众号预热

每次直播前，通过公众号的文章触达关注公众号的粉丝。很多知名主播几乎每天都会发布一篇直播预告的文章。每一位主播的文章风格不尽相同，有平易近人的，也有幽默搞笑的，但相同的是都会罗列直播中将会出现的部分产品，并在文章末尾引导用户关注主播的直播间。

2. 微博

微博是一个月活跃用户数量近5亿的社交娱乐平台，其群体以年轻女性为主，是最具有消费潜力的人群。知名主播几乎都有同名的微博账号，会在直播前在微博上发布相关的预热信息，并且都会采取"关注+转发+评论+点赞"的形式或选择"锦鲤抽奖"的方式，吸引粉丝继续扩大宣传，为直播间积攒人气。

以罗永浩的首次抖音直播带货为例，看一下他是如何在微博上做直播预热的。作为初代"网红"、锤子手机创始人，他的影响力是巨大的，所以他从开始宣布要正式直播带货，就在社会上引起了广泛的讨论，而他也成功利用微博曝光了他的第一场直播，做到了未播先火。这里简单来看一下他的预热措施。

罗永浩的预热活动在直播前十几天就已经开始，这里截取其中一些重要的节点做简单的分析。

3月19日，罗永浩透露将开始直播带货，成功地吸引了网友和媒体的注意，这是罗永浩的第一波预热，吊足了网友的胃口。

3月22日，罗永浩在微博中表示这是背水一战，"成则为王，败则为寇"。这是一个很好的文案，毕竟他的经历被大部分粉丝所熟知，既体现了要进行直播带货的决心，也卖了情怀。

由于罗永浩自身的影响力，关于他直播带货的调侃一时间风靡整个互联网，堵不如疏，所以罗永浩选择了调侃式的互动，一来一往的互动，让更多网友认识了他，知道了他的直播。

在这期间，罗永浩多次发布跟选品相关的宣传信息，营造火爆的氛围。

第 7 章
如何打造一场千万级的带货直播

运用倒计时，营造紧张氛围，引起粉丝重视，并在每张海报里出了一道填空题，这不仅增强了主播与用户之间的互动，也展现了直播能带来的福利。

比如"如果不是全程都——怎么会让不买东西的人也舍不得离开？"

此外，他还联合很多"网红"做造势宣传。毕竟之前罗永浩并没有入驻抖音，不为广大抖音用户所知，所以与抖音上的达人联合发起挑战，有利于积攒人气。同时，他还可以展现自己面对挑战丝毫不畏惧，很有王者风范的一面。毕竟相比于其他知名主播都有着固定的粉丝群体、丰富的直播经验，罗永浩第一次直播，显然各方面要逊色很多，所以需要提前做好造势宣传。

对于初代"网红"，网友还是很好奇罗永浩会销售哪些产品的。而罗永浩与微博用户的互动又增加了微博的转载量。每一次的转载，都是一次免费的主动传播，不仅引导用户将需要传播的内容转发出去，还产生了病毒式营销的效果。

越临近直播时间，罗永浩的微博更新频率越高，一天十几条、几十条，都是跟直播相关的预热，并且在直播当天 10:00 预告直播时间。他还与品牌一起做联合营销，公布晚上直播带货的部分产品与品牌；发布抽奖活动，要求粉丝转发和评论，被抽中的粉丝就会获得当晚联想好物，借助粉丝的粉丝去扩大流量基数，毕竟参与宣传的人越多，这场直播就会被越多的人看到。但有区别的一点在于，文案中提及直播间会有 70 万元的红包可以抢，为了 70 万元，大部分人会不会乖乖待在直播间等着抢红包呢？

直播前 3 小时，罗永浩再次做了预热："虽然我的口号是不赚钱，交个朋友，但我还没那么清高，买东西依然很重要。"这不禁让人会心一笑。

最后的直播预告是直播即将开始。

如果要做一场大型的直播，像大型的店庆、会员活动等，那么可以参考罗永浩的预热流程及节奏；如果是小型直播或者日常直播，提前一天或者当天发布预告即可。

3. 微信群

同学群、老乡群、团购群、美食群……大多数人的手机里总会有那么一些群，一个群可能就有几十上百人，如果不利用起来岂不是很浪费？想要利用这些不花钱的流量，主播可以根据直播活动的大小，选择预热的时间，可以提前一周、提前 3 天、提前一天或是开播前，但都需要提前准备好图片、视频、话术，以及要发布的群，可以把重要的群进行置顶、标星。接着把主播的抖音码、直播口令分享到群中，号召群内好友一起来支持主播，但这样的效果不如提前准备好物料的效果。如果你是新人主播，在练习直播时，可以用这样的方法。

4. 线下实体店

这一类渠道适合那些线下的实体商家，可以在自己的店内、店外张贴类似的海报进行宣传，吸引更多的周边人群，毕竟实体店流量主要来源于周边。

5. 小红书

小红书聚集了大量的年轻女性用户，最初以分享护肤经验为主，其用户群体具有较高的消费能力及"种草"能力。如果产品面向的是这一类人群，那么在小红书上发送直播预告，可能就会吸引大批女性用户的围观。

以上就是比较常用的分发渠道，当然还有很多自媒体平台可以进行分发，但团队精力是有限的，所以要根据产品的特性、面向的人群等选择适合自己的平台进行分发。

7.3.2 学会 DOU+ 投放，直播间不热都难

下面以抖音为例，讲解一下如何进行 DOU+ 投放？

1. DOU+ 是什么

"DOU+"是抖音为创作者提供的"视频加热"工具，能够有效提升视频播放量与互动量，提升内容的曝光效果，满足抖音用户的多样化需求，具有多重优势。这是抖音官方给出的解释，简单来说就是花钱买流量。

目前抖音官方给出的 DOU+ 流量转化：100 元 =5000 次播放量。针对抖音视

频内容的 DOU+ 投放模式有以下 3 种。

① 系统智能投放：系统根据视频的内容将其投放给有相应爱好的用户。比如你的视频内容是搞笑的，系统会自动将其推荐给经常浏览搞笑视频的用户。

② 自定义定向投放：自己确定投放对象，可以指定性别、年龄段、地域和兴趣标签等。比如你准备卖护肤品，就可以指定投放给 18～23 岁或 24～40 岁的女性。

③ 达人相似粉丝投放：可以选择一些抖音达人，投放给该达人的粉丝或与这类达人的粉丝相似的群体。比如你的视频内容是创业方面的，就可以选择抖音上的创业类账号，投放的用户会更加精准，如图 7-11 所示。

一般选择自定义投放即可，即精准投放。自定义投放就可以选择年龄、地域，可以将价值最大化，当然前提是需要确定好产品的目标人群。

因此在进行 DOU+ 投放前，需要做好 3 点准备：明确粉丝画像，清楚引流目的（像在直播时进行 DOU+ 投放是为了稳定流量，让更多的人看到直播间的入口）；不要一次性投入太多；视频原创、不违规且流量正常。

当不确定产品是否能成为热门时，可以利用 DOU+ 投放进行测试，带货视频一旦火了，就立刻开直播，并且投放 DOU+，这样直播带货的效果大概率会非常不错。还有一个原则就是通过带货去投放 DOU+，用带货所赚的钱投放 DOU+，这样就可以实现低成本投放。

2. DOU+ 投放策略

先投 100 元，6 小时过一审，投购物车或者订单都可以。

再投 100 元过二审，也是 6 小时，投购物车或者订单都可以。

前期，单条视频的投放成本控制在 300 元以内，至少分 2～3 次进行投放。

在投放期间要注意数据的变化，及时地进行调整优化。创作者可通过抖音后台粉丝的活跃度查看是活跃用户多，还是静默用户多，如果静默用户多、活跃用户少，那就是失败的投放，可以选择及时止损，停止投放。

当然，最重要的还是视频的质量。如果自身没有任何优质的、能吸引人眼球的视频内容，不管投多少钱、多少次，都将是无用功。

目前抖音直播间也出现了直播上热门的 DOU+ 投放方式，如图 7-12 所示，采用的策略与视频投放大同小异。

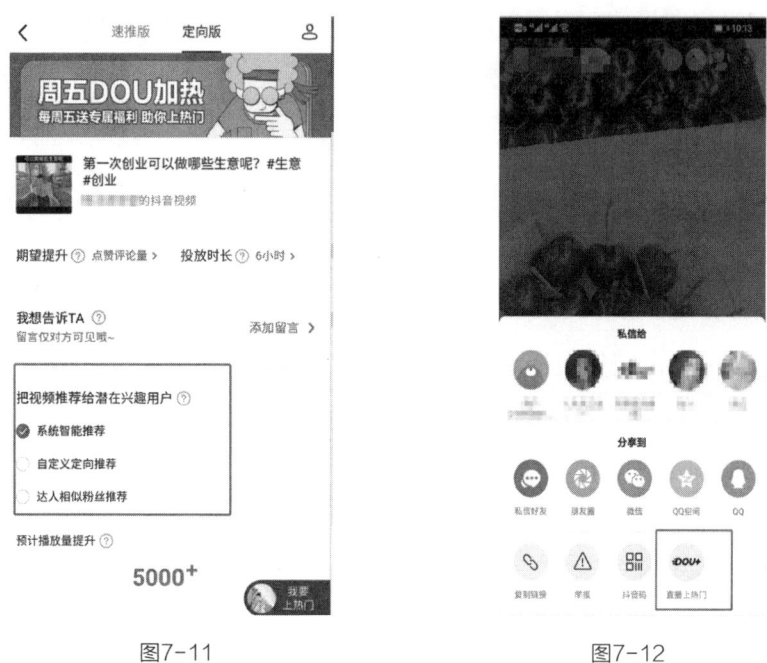

图7-11　　　　　　　　　　　图7-12

3. DOU+ 不过审的原因

带货视频的 DOU+ 投放，经常会出现不过审的情况。如果你也遇到过这种情况，要学会自己找原因。

① 视频内容包含违禁违规的产品，对于这类产品，抖音是禁止上架的。

② 视频内容涉及虚假或夸大宣传，尤其是一些美妆产品，过分夸大美白功效，制作虚假对比图片做展示。

③ 视频购物车产品标题违规。虽然可以修改产品标题，但尽量不要在这里过分营销。

④ 视频文案违禁。抖音上有很多的违禁词，所以在写文案时，需要格外注

意，不要违反《中华人民共和国广告法》，不使用"最高级"这类夸大功效的词语，另外"多少钱"这类字眼也尽量不要出现。

⑤ 背景音乐违禁。这一类一般是原声里包含产品价格，赤裸裸地诱惑用户下单、抢购，会被系统检测出来，导致视频无法投放。

⑥ 除此之外，视频搬运、有水印、模糊不清晰等都会造成 DOU+ 不过审。

7.3.3 达人连麦较量，引流互相成就

"直播＋电商"是目前较为成熟和稳定的一种商业模式，变现方式比较简单高效。目前的电商直播主要是主播在直播间销售产品，如果主播能现场连麦用户，甚至用户可以穿上衣服现场演示，那么就能为用户塑造临场感，激发用户的购买欲望。

目前抖音、快手都已经开启了"连麦（两个人同时开直播互动）直播＋电商"的模式，相对于快手成熟的体系来说，抖音的电商连麦直播稍显逊色。

有位主播曾在直播中连麦展示了山东寿光的风土人情，此前他还连麦展示了云南的卖花基地，给粉丝展现了真实的场景。

还有一位主播在首次直播时，选择了与电商连麦，让其在直播间内售卖阿胶糕，并为自己的粉丝要福利，进行砍价，要求对方给出足够的优惠，最后以 99 元（拍一发四）的价格成交并呼吁粉丝购买。

快手电商打榜连麦已经是很成熟的体系了，什么是打榜？打榜就是电商给主播刷"快币"（类似抖音的音浪），10 快币 =1 元。主播会收到商家的打榜，知名主播一般要求商家打榜进前 3，主播就会在直播过程中与商家进行连麦、"甩粉"（把自己直播间的粉丝导入对方的直播间）。如果商家打榜到榜一，主播一般会喊"给榜一点点关注"，号召他直播间的粉丝关注该商家主播，或者喊榜一连麦，直接引导粉丝去购买商家的产品。一般来说，连麦时主播会给商家 5 分钟的时间，商家要利用这个时间在直播间销售产品，当然有时候主播也会帮忙一起卖货；5 分钟也不是绝对的，这个需要提前跟主播进行沟通。对于商家来说，就是花钱买广告位、买流量、买别人的粉丝，只不过这个流量是快手专属的付费推广模式。

快手的挂榜卖货可以说是一个很刺激的产品销售模式，便宜的流量一直是商家追逐的方向，而快手、抖音等短视频平台相对来说都还太粗放，有着大量便宜的流量没有被发现、被挖掘……

所以，如果商家的预算足够多的话，可以通过刷礼物、打榜的方式来获取跟主播连麦的机会。一般来说，商家打赏金额在直播中是前3名，都会获得连麦的资格。但这个标准不是固定的，要根据主播的情况来定，与不同主播连麦的要求不一样，需要商家提前跟主播沟通好。如果要连麦的主播的粉丝量足够大，一场连麦下来，商家就可以实现快速"涨粉"，"涨粉"几万、十几万是常有的事。

打榜获取的粉丝相对来说没有太强的购买欲，跟主播要售卖的产品没有太大关系，所以这类粉丝只关注性价比，如果性价比高，就很容易下单；如果价格能够远低于粉丝的心理预期，几万单也可以瞬间达成。如果在连麦的时候，商家能顺势推出一些活动，如截屏抽奖、送奖品，会更容易吸引粉丝的关注，直接提高产品的销量。

对于新手商家来说，要记住两个打榜原则，即不要一上来就打大榜，也不要直接找知名主播；每天的花费在1万元以下，挑选直播间人数为1000～5000的小榜就可以。如果刚开始的3次打榜次次都亏损，就不要再继续了，肯定是哪里出了问题，一定要及时止损，找出问题并解决。

7.3.4 直播中如何巧用粉丝增加直播间人气

直播开始后，除了依靠封面不断吸引流量，在各个平台分发直播信息聚拢流量，还有一个影响流量的因素非常重要，那就是已经在直播间里的用户。如何利用这些用户给直播间带来更多的流量，完成冷启动呢？

1. 新人直播开场 10 分钟权重

无论是抖音，还是快手，都是非常注重权重的，新人在开直播的前10～15分钟，一定要充分地调动直播间用户的积极性。因为机器人会进行识别，识别直播间是否为活跃的优质直播间，如果是，后期会增加流量推送；如果没有在刚开

第 7 章
如何打造一场千万级的带货直播

播的 10 分钟就完成相应的一些互动,那就会被机器人判定为低权重,后期就不会推送更多的流量进来。

所以在刚开场的时候,主播需要让直播间的用户帮忙关注一下自己,或者欢迎新进来的用户跟主播一起互动,增加直播间的互动率。

这里介绍一些直播带货的开场技巧,可以快速地提高直播间的活跃度与互动率。

一般开场时,主播可以说:"各位朋友、哥哥姐姐、老铁(根据用户属性选择合适的称呼),晚上好呀,欢迎大家来到我的直播间。你们想听我分享什么样的内容/产品?今天直播要跟大家分享几个重磅产品(可简要说明直播带货的产品)。"

同时,别忘了和用户进行互动,比如可以说"这个知识点/福利/规则听懂没?听懂的扣'1',没听懂的扣'2',觉得有收获的扣'666'"或"新进入的小伙伴可以关注一下我哦,接下来我会进行一波抽奖""感谢××送的××礼物""欢迎××进入主播的直播间""××怎么现在才来,等你好久了"。这里要注意,刚开始直播的新人主播在刚开播的一段时间中,要尽可能地多向新进来的用户介绍主播的情况,加深用户对主播的印象。这些简单的开场话术,新人主播可以在平时观看直播的时候有意识地积累,观察其他优秀主播是怎么聚拢人气的。

2. 设置悬念,吊足用户胃口,增加用户停留时长

预告部分福利,先用"鱼饵"吊足用户的胃口,这时主播可以说:"我真的不能剧透了,真的真的不能再说了,今天还给大家带来了很多好产品,也有很多福利,每个时间段都有,但是现在主播不能都告诉大家,并且这些福利只有我的粉丝可以享受,大家给主播点点关注,加入下粉丝团,只有粉丝团的人才可以收到主播的福利……"

系统一般会通过开场的数据、用户停留时间、分享转发情况、互动频率、在线人数来判定直播间的权重,所以前期暖场很重要。基础的开场语说完,主播还是要让粉丝互动起来,只有互动起来,直播间的权重才会提升,流量才会不断涌入,所以主播需要利用好直播间的用户,引导用户进行关注、转发,以增加热度。

主播引导在线的用户帮忙增加人气，可以提升直播间的排名（直播间的排名越靠前，能看到该直播间的用户也就越多，当然更多用户能进入直播间的概率就越大）。如何引导观众帮忙增加人气呢？

关于引导分享，有两种场景。一种是用户基于对主播或产品的喜爱自发分享。那么主播能做的就是尽量展示产品的优点和直播间的优惠，强调机会的难得，进而触发用户的分享心理。

另一种是主播有意识地去引导用户分享。笔者发现，几乎所有的主播在直播的过程中都会不断地强调让用户点击关注，引导用户将直播分享到朋友圈。他们常说的话是"喜欢的可以点分享链接分享给朋友们"；有技巧一点的是结合产品来说，比如"这款产品特别适合婴儿的妈妈，身边有这样的朋友，一定记得分享给她们"。

还可以利用贴纸进行引导。在直播时主播可以通过添加贴纸的方式，引导用户分享、与主播互动。

除此之外，还可以号召亲朋好友来与主播进行互动，增加直播间的基础人气。

3. 建立账号矩阵

设定"一个大号+多个小号"是很多MCN机构都在做的事情，当把一个账号做大以后，可以开设几个小号，然后利用大号和小号相互打榜引流。体量大了以后，甚至可以发展"帮派"，利用收徒的方式培养矩阵账号。这一模式在快手上尤为多见，很多知名主播会在直播时与徒弟或签约的主播一起卖货，引导粉丝去关注徒弟的账号，为其引流。这样的矩阵除了互相引流外，还可以打通各个品类，覆盖各个年龄层，毕竟每个账号的属性并不相同，只需要错峰开播，就可以形成互相带货、共同引流的增长效应。

4. 直播话题

直播的话题根据主播的类型会有所划分。

娱乐主播。对于这样的主播来说，用户来直播间就是为了娱乐的，所以聊天的重点也偏向娱乐、情感、八卦、搞笑事件、热门话题、热点事件等，主播可以

第 7 章
如何打造一场千万级的带货直播

提前准备一些娱乐活动,如表演才艺、进行挑战赛等。

带货类主播。对于带货类主播来说,内容重点是产品卖点、福利政策、使用场景、产品质地、使用方法、使用技巧等,这需要主播在开播前提前做好功课、熟悉各个产品的卖点,不要混淆,以免出现直播事故。以护肤美妆类产品为例,主播主要讲解产品的使用方法(可进行上脸效果的展示、外观特色的讲解)、质地(可展示产品的水润程度、延展性等)、使用技巧(可以边化妆边展示、讲解产品,在展示化妆步骤的同时引入产品,可以让用户直观地看到使用效果)。总之带货直播的一切都要围绕着产品进行。

专家型主播。这类主播通常掌握某一细分领域的专业知识,这取决于定位,是哪个领域的,就围绕哪个领域展开话题,比如妈妈讲带宝宝的经验,全程都围绕怎么照顾宝宝这个话题进行。

5. 直播间冷场

一般新手主播很害怕直播间冷场,没人互动会让本来就紧张的氛围变得尴尬。为了避免直播间冷场,这里总结了 3 种用户类型,主播可根据不同的用户采用不同的策略。

第一种,倾听者,这类用户的消费能力较高,虽然不怎么互动,但会买主播推荐的东西,在主播与他人进行挑战的时候会为主播打赏,只是不怎么在公屏打字与主播互动。

第二种,会经常与主播互动,有一定的消费能力,会买产品,也会打赏,并且愿意回复主播的问题。对于这类用户,主播可以提出问题与之进行互动,比如"画眉毛大家是用眉笔还是眉粉,用眉笔的扣 1,用眉粉的扣 2",这样一来直播间就会活跃起来。

第三种,既不买主播的产品,也不打赏主播,就是想获取一些奖品的用户,主播可以让这类用户参与讨论、抽奖、分享,比如"直播观看人数到 ×× 人,就会送出 ××,在线的小伙伴扣 1,抽中的小伙伴就可以免费获得奖品""邀请好友进入直播间,就可以获得红包"。

在开播前,主播要针对不同类型的用户设计相应的话题和活动,当发现直播间氛围比较沉闷的时候,就可以开启活动,以活跃直播间氛围。

为了提高用户在直播间的留存率,主播也可以在直播的时候发送一些数额小的红包,分时间段发出,这样用户会等着抢红包,无形中就增加了用户的停留时间。

6. 直播间"黑粉"(对主播挑刺,挑拨主播与用户关系的人)

网络上什么样的人都有,在直播过程中,主播遭受质疑也是常有的事,这也导致了很多新人主播不自信、害怕直播,其实这些都是有办法化解的。

"路转粉",主播声音不好听遭到质疑,这时主播可以用自己的高情商,幽默地化解掉,比如"我的声音确实很有磁性,听了是不是有种想要恋爱的感觉",让一些用户感觉主播很有趣,从而喜欢上主播。

"刷屏",利用问答、抽奖等方式,让其他用户的回复刷屏,这样就可以把不好的话刷走,也就不用进行回答了。

"正面刚"(网络用语,指"正面碰撞"的意思),不是说让主播骂人,而是有理有据、优雅地回复,这对于主播来说,需要具备很高的文学素养,不是每个人都可以驾驭的,要谨慎使用。

一个优秀的主播一定是可以把粉丝的朋友,最终都变成自己的粉丝的。

7.4 直播策略

策略用得好,用户下单早。而策略又包含产品策略、活动策略等,这一节重点讲解直播策略的制订与实行。

7.4.1 玩转产品策略,用户欲罢不能

直播间购物袋中的产品顺序安排得当,不仅能让直播间的用户更活跃,还能

第 7 章
如何打造一场千万级的带货直播

为直播间吸引更多的流量。那购物袋中的产品的顺序应该怎样安排呢？怎样才能达到更好的效果？

在一场直播中，主播需要提前将这场直播要销售的产品分为四大类：引流款、抢拍款、基础款和利润款。

引流款也可以称为福利款，这一款利用极低的价格（如 1 折）甚至免费送的方式吸引用户在直播间停留，一般主播会利用这款产品进行直播间的热场。

抢拍款是限时、限量，需要快速抢购的产品。这类产品是利用低价或折扣（5折、7折）来减少用户的决策时间。抢拍款可以让用户不需要看详情页或者对比其他竞品就可以迅速完成下单。比如说 5 折的可乐，上架这一类产品可以在短时间内增加直播间用户的下单量。

基础款可以理解为经典款，是销量、评价都不错的款式，也可以称为平价款。这类产品是大众相对刚需、不得不购买的产品。

利润款就是利润空间较大的产品。一场直播中利润款的销量决定了这场直播能获得多少收益。

想要让直播间一直保持高活跃度并刺激用户的购买欲望，最起码要上架以上 4 种款式的产品。

这 4 种款式产品的搭配，就是产品策略。如何搭配并进行销售，按照什么样的流程进行销售，是整场直播的关键。下面总结了两个常用的经典模式，主播可以作为参考。

1. 1 引流款 +1 抢拍款 +1 利润款 +2 基础款

直播刚开始时，直播间的流量处于不断上升的阶段，主播可以与用户闲聊一会儿，为直播间多积累些用户；人数达到预期时，主播就要抛出引流款，进行直播间的产品预热，调动直播间用户的积极性。

等到直播间用户多一些时，拿出抢拍款作为老用户的福利，同时引导没有抢到引流款的用户抓紧时间下单。

抢拍款活动结束之后,一般直播间的流量会增加,并且用户会更加活跃,此时可以上一批利润款产品。前面没有抢到的用户,很可能会冲动下单购买利润款产品,从而提升利润款的销量。但由于利润款的价格偏高,会使很多用户犹豫或不敢下单。因此,利润款之后可以再上两批经典的平价热销款(也就是基础款)。这样,对于想要购买又不想出高价的用户来说,平价款就是他们最好的选择。

2.1 引流款+1 抢拍款+1 基础款+1 利润款

同样,这个模式在刚开始直播时依然利用引流款去拉高直播间的流量,增强直播间的互动。当流量增加之后,主播依次推出抢拍款和基础款,再次增强直播间的互动;当直播间内的流量达到峰值时,主播推出利润款,这个模式可以保证利润款能够得到最大限度的转化。

以上这两个模式,在刚开始直播时,对于新人主播来说是完全够用的。

除了这两种产品策略之外,知名的主播们进行大型的直播时一般会采用"W"形上架策略。前面上架的 3 款产品是引流热门款,目的是提升直播间的人气,提高互动率;中间会以平价的基础款为主,穿插一部分的锚点产品(中高端产品,价格略高,区别于热销产品);之后上架主推的热销款。

这个策略很好理解,就像买房子、车子一样,销售员会先介绍更好一些的房子、车子,讲一讲它们的价位,之后再介绍相对普通又热销的房子、车子,这样消费者就不会觉得贵了,进而提高下单率。

当然在整场活动中,还会穿插福利产品,比如低价甩卖一些产品,主要是帮助商家清理库存,同时增加用户的黏性,持续吸引用户的关注。新人主播等到后期成熟时,或者要做大型的直播活动时,也可以按照"W"形策略去安排直播中产品的上架顺序,当然前提是要把各类产品提前做好定位,把这些产品归类到相对应的产品类型中去。

如果进行直播的是商家,所有直播中的产品都是自己家的,不能轻易取舍,可以选择先把所有的产品都上架,之后再逐个介绍。这种方式比较考验主播对于整场直播节奏的把控，既要顾及所有产品，还要照顾用户的感受，回应用户的要介绍几号产品的需求，需要主播提前记住每个产品所对应的号码，避免用户提问而答不上来的尴尬。最后建议一场直播不要上架太多产品，笔者在直播间看过一个主播上架了100多款产品，既增加了主播的解说难度，也造成了用户的购买障碍，得不偿失。

7.4.2 直播电商活动策略五大秘诀

为什么超市做活动送鸡蛋，会吸引很多人？因为超市的鸡蛋限时限量每人只能领一斤。为什么小孩子不去抢？因为活动没有触达小孩子的内心。如"××主播的直播间每个女生限时可以免费领一支口红"，那看到宣传的大部分女生会不会去蹲守？所以除了产品策略外，主播还需要设计一些活动作为辅助，来刺激用户产生更多的消费，从而更好地销售产品。

1. 开场满送

在刚开直播时，流量需要时间沉淀聚拢，如果直播间没有吸引用户的点，很容易造成用户进来看一眼就退出，而主播还没来得及欢迎的尴尬。而在刚开场时做"满××抽奖"的活动，会吸引用户留在直播间并把直播分享出去，毕竟有一部分用户想快点抽奖。

2. 整点抽奖

一场直播最少持续两小时，带货直播更久，如何让用户一直待在主播的直播间呢？整点抽奖必不可少。

有很多的用户在低价购买产品的同时还想着免费获取一些福利，而每个小时的抽奖活动，就会让这类用户感兴趣，所以要及时给用户抽奖反馈，第一时间让客服截图，立刻在直播间宣布中奖消息。同时告诉直播间的用户"现在已经××人下单了，而且刚才××中奖了，这次帮他一共免了××钱"来刺激用户。

大部分主播在直播间进行抽奖时，都会先来一波互动，让粉丝回复固定的词，倒计时"3、2、1",让助理截图,紧接着公布中奖的名单,相对公开透明。因此,在做抽奖活动时,细节一定要公开透明,只有让用户实实在在获得利益,才能吸引更多的用户留在直播间。

如果说整场直播产品销量还不错,达到了预期,那么主播可以在现场临时增加几个抽奖名额。这属于意外的惊喜,可以营造出产品好卖、用户认可度高的氛围,刺激那些还在旁观、犹豫的用户下单。

3. 问答抽奖

这也是与用户互动、提高直播间人气的好方法,需要主播提前设置好问题及奖品,当直播间用户不那么活跃的时候,就可以安排问答抽奖了。但如果直播间只有二三十个用户,用户量太少,宁愿不做,因为做了,效果也不会好到哪儿去,作为主播、商家,要时刻考虑投入产出比的问题。

4. 限量限时抢购

这种也可以说是快闪成交。快闪店大家应该都听过或参与过,是一种线下的短暂的艺术行为。简单来说就是"在某年某月某地某时刻会有××福利××优惠",营造一种稀缺限量又被人抢购的氛围,刺激其他用户下单。

假设直播间里的某产品本来卖99元,主播可以设计一个快闪的售卖环节,比如"9点到9点10分,每人限购1份,9.9元包邮,过时价格将会回升",这样就会刺激直播间内很多旁观的用户参与抢购,进而提高销售的转化率以及用户的留存率。

对于之前没有做过这类活动的新人主播来说,有几个细节需要提前注意一下。

提前预热,一定要在直播间或者直播预热视频中进行预告,毕竟这是一个很好的卖点,并且可以起到提前宣传、吸引用户目光、积累流量的作用。内容形式可以是"在××时间段会玩快速抢购的游戏,凡是在这个时间段内抢购的用户,都可以享受到××福利"。

抢购条件,一定要限时、限量、限人。限时可增加紧迫感,充分利用户的投机心理，促使用户快速下单，一般时长不要超过15分钟。限量，抢购数量一定要有所限制，太多就显得不值钱了，而且确定好的数量一旦抢光，主播要立刻停止活动，做到言而有信，这样用户才会真正相信参与活动获得了优惠。当然，我们也需要跟用户解释产品已经被抢完，但是为了补偿没抢到的用户，可以承诺这些人每人能领取一张商品优惠券，并说明过段时间还会有类似的活动，具体的时间会在之后的视频和直播间告诉大家，这样没有抢到的用户就会关注主播，期待下次可以获得福利。至于数量定多少，需要主播提前做好预估，可以根据以往的数据，推测出一个大概的数值，然后根据主播自己的产品进行相应的设置，不但要让用户觉得实惠，还要让用户觉得活动有意思，否则吸引力不够，活动就很难进行下去。为了获得更好的活动效果，一定要限制人数，这个人数指的是直播间里的人数，假设直播间的人数达到1000人才开启这个活动，主播就要提醒用户多多邀请好友加入直播，人数达到要求才会开启活动。要相信，只要我们设置的福利和预估的人数是合理的，就能够吸引大批用户参与。只要人数达标，马上开启活动，并且进入倒计时阶段，时间一到，活动立刻停止，千万别犹豫、贪心，也不要被销量迷花了眼。

5. 递减赠送

这类活动在电商中非常的常见，"双十一"抢购的时候，店铺经常会写"前××名下单的用户送××，前××～××名下单的用户送××"。这个方法也可以用到直播间里，只不过是换了个场景，但方法还是一样的，比如"前50名下单的用户买一送三，前51～100名下单的用户买一送二，前101～150名下单的用户买一送一"，这也相当于催促用户快速下单。同样，主播需要做提前预估，在直播间内有30%的人下单购买是比较高的转化率，可以根据以往直播的人数和转化率来提前设置好相对合理的赠送名额。

如果商家没有那么多的赠品可以送，这里有个简单的方法：找一些便宜的货源。因为赠品并不一定非要是商家自己的产品，也不是立刻就要发出的，所以商家可以去 1688 或者好单库这类网站找一些便宜的货源，等待销量确定后集中采购回来，只要把成本控制住即可。假设商家是卖眉笔的，可以准备修眉刀作为赠品；卖洗发水的可以准备护发素、沐浴露小样作为赠品。为了把折损降到最低，还可以跟用户说，只有确认收货以后，赠品才会寄出，这样既降低了产品的退货率，又不会积压大量的赠品。

7.4.3 学会游戏互动，增强用户黏性

用户看直播，首先是娱乐，其次才是满足购物、学习等需求，而游戏是最能拉近主播与用户的距离、提高用户的活跃度的方法。

当然游戏不能枯燥乏味，要好玩有趣、简单易懂。这里以带货主播为例，简单介绍一下可以采用的游戏方式。

1. 找错字

一场直播，主播要带十几种产品，这时可以选取其中几种产品，故意把产品标题里的个别字写错，然后在直播间与用户互动，比如"第一个找出来的用户，并且能在直播间打出来的用户，可以任选直播间的一种产品直接拿走，前 10 名找出来的用户，可以获得半价购买产品的福利"。笔者在别的主播的直播间见过这种互动形式，刚开始这个直播间只有寥寥几十条评论，但游戏开始后，评论量剧增，马上出现"99+"，不但增加了产品的浏览次数，也提高了直播间的排名与权重，吸引了更多的用户进入直播间。

2. 砸金蛋

线下房地产公司、4S 店，经常会准备一些金光闪闪的蛋，只要用户购买就可以获得砸金蛋的机会。直播间里也可以设置 10 个左右的金蛋，每个金蛋里都有一张写着不同的福利或奖品的小纸条，而奖品可以摆放在用户能看到但又不遮挡主播的地方。在某个时间段内购买产品最多的用户可以获得一次抽奖的机会，从而引导用户下单。这一类游戏适合客单价比较高的产品，如果只是卖一袋零食，完全没有必要采用这种形式。

3. 一起来找茬

这种游戏跟找错字有异曲同工之妙，主播可以提前准备好一些物料，比如卖衣服的主播可以让用户找出两件相似的衣服有几处不一样，率先找出的 10 名用户可以免费获得这件衣服，但需要自己承担运费。这样既能给店铺增加销量，又可以提高直播间的活跃度，并且用户的参与度也很高。

4. 分段互动

红包雨、抽奖、优惠券，需要根据直播间的氛围、人气做相应的调整。发福利做互动时，口号一定要顺口，要喊起来，不断地强调关注主播、加入粉丝团才可以享受到这些福利。优惠券可以提高用户的购买率，红包雨能延长用户的观看时长，抽奖可以活跃直播间氛围，但这些活动要搭配好，选好时间段去做，不然只能是白白浪费钱财。这些互动要用，但不能多用，多了就丧失了福利存在的意义，最终是要让小部分人得利，促使大部分人下单。

如果直播间处在刚开播、人气不高的情况下，主播要认真对待每一个进入直播间的用户，喊一下对方的名字，表示欢迎，让用户有被重视的感觉，体会到主播的热情。当直播间人气上来时，主播需要注意用户的评论和问题，因为每一个提出问题的用户，最终都有可能成交，所以一定要注重用户的需求，对于用户发出来的评论，要进行耐心的解答。如果主播太忙，用户又有其他需求时，主播可以念一下他的名字，让用户稍等一下，稍后再回答这个问题，不打消用户评论的积极性，让用户觉得主播是一个暖心"宠粉"的主播，也许就会收获铁杆粉丝一枚。

7.4.4 那些必学的直播手势与话术

直播带货，需要主播有丰富的语言及肢体表现力，能感染到镜头前的消费者，消费者才会下单购买。

1. 常用的 3 个手势

手指向上。以抖音为例，界面左上角主播的头像后面有一个关注，如图 7-13

所示，这里主播需要用手指向这个位置，引导还没有关注主播的用户，赶紧关注主播，只有关注了，成为粉丝，才会享受更多的福利。

手指向下。依然以抖音为例，界面右下角会有一个小黄车一样的图片，如图7-14所示，主播需要告诉用户点击小黄车里的产品链接就可以下单。因为很多用户可能找不到在哪里下单，如果产品种类过多，还配合优惠券的话，最好是拿另外的一部手机给用户演示一下如何操作。

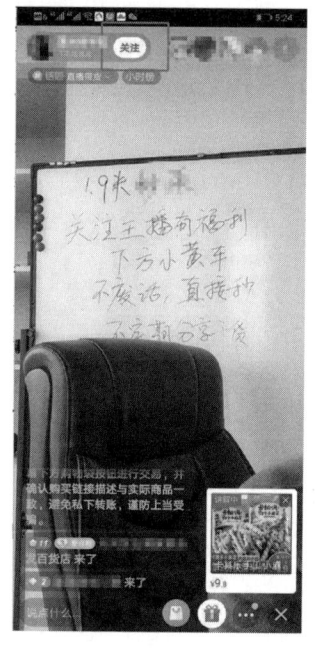

图7-13

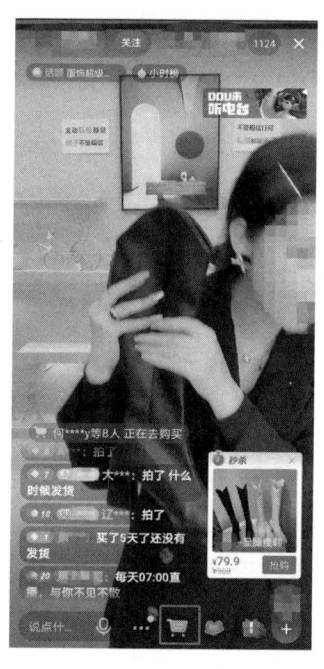

图7-14

双手比心。对于给主播送礼物的用户，主播要表示感谢，比如"感谢××的支持，主播会继续努力为大家挑选好货的"。

2. 直播中常用的语句

"走过路过不要错过""两元两元全场两元，两元买不了上当，买不了吃亏""清仓大甩卖"，这些是在线下我们经常会听到的营销口号，而在直播中也有一定的"江湖用语"，可以说是主播必备的口头禅，下面罗列一些简单的语句作为参考。

第7章
如何打造一场千万级的带货直播

（1）开场

① "走过路过不错过，主播带你上高速；万水千山总是情，来波关注行不行。"

② "红心走一走，活到九十九。"

③ "没有关注主播的，点一点头像关注我；没有加粉丝团的，点击加入粉丝团。花一毛钱加入粉丝团，每次开直播，就会有提醒，这样你就不会错过我的每一场直播了，主播每天都会在直播间分享××干货。"

④ "没有关注主播直播间的，大家关注一下直播间，来了直播间的不要走，我正在跟大家分享大码女装的穿搭方法，让你整个夏天不重样儿。"

（2）引导关注

① "大家给榜一榜二榜三这些点一点关注，相信这些都是很爱学习的人，一路陪主播走过来的，大家是同一个圈子的人，可以经常互相探讨。你们在我的直播间点关注，同时也是对你们自己有帮助的，为你们的账号增加权重，抖音从你运营账号的那一刻起，就在后台记录了你的一切操作行为。到时候你们发布作品，对你们的账号也有帮助。所以你在直播间经常发正能量的话，并且积极地互动，你账号的权重就会增长。好了，在屏幕上打'666'的伙伴都可以关注一波，大家一起把字打出来。"

② 像自律健康类的直播间，可以打"从今天我开始自律"这几个字（这个时候主播的直播间人气就会上升，而且有很多想被关注的用户也会踊跃地刷鲜花和礼物）。

（3）中场休息

"主播直播了3小时，先去下卫生间，3分钟后马上回来。没有点关注的新伙伴点个关注；没有加粉丝团的，点击加入粉丝团。花一毛钱加入粉丝团，每次开直播，就会有提醒，这样你就不会错过我的每一场直播了。主播每天都会在直播间分享××，直播间来新人的话大家帮忙欢迎一波，主播马上回来，感谢大家了。"

（4）下播前

"主播还有5分钟就要下播了，感谢大家一晚上的陪伴，还没有关注主播的，给主播点点关注。主播明天××点开播，给大家带来××福利，一定要关注主播，不关注的就刷不着、没办法领福利了，拿起小手儿给主播点点关注。"

（5）活跃氛围

① "觉得我讲的有道理的，大家有收获的，打个'666'，刷个鲜花。"

② "觉得我说的有用的，学到了、学会了的，打个'666'，送个小红心。"

（6）回答问题

"大家有什么问题可以打在直播间啊，关于1号链接，大家还有什么问题吗？我一个一个解答，没有回答的伙伴，不是主播不关注你哈。问题太多，主播只能优先回答大家都关心的问题。××，你稍后把你的问题再打一下好吗？主播接下来就回答你的问题。"

如果直播间人数太多，提问的太多，建议直接在直播间安排客服专门回答用户的问题。

在直播的过程中，一定要有代入感，把用户带入话题。像一些知名主播会把直播间的用户称作"所有女生""美眉们""××的女人们"。所以聊天的时候少用"我"，多用"你"，"听说你是口红大王"会让对方有很强的代入感；也要多用"我们"，在很多开箱视频中，主播都会说"让我们来打开它"，而不是"我来打开它"，一个细节的改变就会显得更为亲切。

7.5　7步销售法

流量是变现的前提，但如何实现从流量到变现，也是一门学问。那么如何提高直播的转化率，在直播间实现高转化率的销售呢？

7.5.1 设置悬念，引入话题

引起用户注意与好奇一般有两种方式：第一种是在视频封面设置引导文案；第二种是在视频中设置悬念，预告开播时间。

在视频封面设置引导文案，一般选择悬念型、疑问型、互动型语句或者强烈肯定式（祈使句）句型，比如"你被朋友背叛过吗""如何开上劳斯莱斯""5分钟学会××""×× 都不能说的秘密"，另外常用的一些词汇包含但不限于"怎样""如何""难道""竟然"这类语气词。也可以是针对用户的一些痛点场景做聊天式话题的引入，就像文章的标题一样，把这句话鲜明地打在视频封面的中间或者上方的位置，如图7-15所示。

图7-15

在视频内容中预告直播时间，这个跟前面小节里提到的直播前的视频预热有点相似，只不过这里是采用设置悬念的方式来吸引用户观看，用户不仅可以收获免费送出的福利，更能学到相应的知识与技能，一般话术为"关注我每天×× 直播，教你×××"。

7.5.2 获取信任，给予利益

信任是成交的基础，对于直播带货来说，刚刚进入直播间的用户属于陌生人，还没有建立对主播的信任，自然转化率较低，那如何在最短的时间内获取直播间用户的信任呢？

即使是带货主播，也不要一上来就销售产品，要知道直播间有很多不认识你的用户，所以前面可以通过聊天、讲故事、互动等方式获取用户的信任。最简单的方法就是给用户取一个独特的昵称，取昵称这种事只有亲密的人之间才会做，所以给用户取一个独特的昵称,会拉近主播与用户之间的距离,使用户放下戒备心,例如"宝宝们""哥哥姐姐们""老铁们""家人们"。除此之外,还要给用户实实在在的利益,对于直播间用户来说,大额优惠券、5折活动、限时抽奖,都是可以吸引他们的利益点,所以主播可以暗示在直播的哪个阶段会有抽奖活动,直播间内的产品是多么来之不易,性价比有多高,从而吸引用户留下来。

7.5.3 提出痛点,引出需求

如果一款产品可以解决用户99%的问题,那么用户一定会毫不犹豫地下单购买。抓痛点、挖需求,是成交转化的必杀技。主播提炼用户的痛点,可以从产品的特点出发,也可以利用反向思维,对产品的目标人群进行细分,还可以利用竞品对比的方式进行挖掘。这些方法可以搭配使用,在使用的过程中,主播需要不断地完善。

假设主播今天要在直播间推荐一款祛疤祛痘的产品,那么绝对不是一上来就夸这款产品有多么多么好,进行王婆卖瓜式的自夸,否则用户很容易就产生逆反心理,直接退出直播间。主播可以从用户的角度出发,说明脸上长痘痘了,可能影响美观,可能使用户变得不那么自信了,接下来再来推荐产品,才会更有效果。

之前笔者看过一个主播的直播,主播的方式是这样的,在介绍眼贴这款产品时会提前问用户,"大家有多少人跟我一样总是熬夜的,黑眼圈特别重的、熬夜的在评论区扣1";介绍防晒产品时会问用户,"大家是不是跟我一样,天天长时间在户外工作,如果是的话在评论区扣2"。等用户给出反馈后,主播会接着告诉用户,不用眼贴、不用防晒霜会产生哪些不好的后果,比如说老得快、长皱纹、变黑。然后主播多次给用户展示产品的使用场景,比如眼贴不仅仅可以贴在眼睛上,还可以贴在额头上;防晒霜不仅仅要涂在脸上,全身都要涂,一年四季都得用。主播甚至还从用户角度出发,说明买一盒不划算,因为买二送一,所以直接拍两盒更划算。主播就是利用这样的方式,不断地刺激用户的痛点,促使其消费。

像房地产主播经常会使用的就是演绎现实版的故事,房价太高,房价只涨不跌,买房存在很大的困难,让很多年轻人产生了共鸣,把用户带入情境。之后再来给用户分析房地产市场,分析市场环境、政策等相关信息,挖掘用户的需求,还会指出一些用户在买房时存在的误区,就会引起很多用户互动。毕竟大部分人都很想知道自己想要买的房子能不能购买,或已经买的房子是不是买值了,而主播需要做的就是站在相对中立的角度,指出房子的优缺点,对于不清楚不了解的楼盘不糊弄用户,这样一来就增强了用户的信任感,用户买房子时才会找你。

7.5.4 放大痛点,勾起欲望

用户的痛点和痒点有时很类似,也许主播确实找到了用户的痛点,但是并没有刺激到用户的痒点,用户没有心痒难耐必须下单的理由,成交转化就不会太好。这时候就需要主播将用户的痛点进一步挖掘放大,给用户一个非买不可的理由。这里还是用上面提到的祛痘产品来举例,怎么放大痛点呢?话术可以是"脸上有痘痘确实给我们带来了很多不便,尤其是面对你心仪的男生或女生时,难道你还不想赶紧把脸上的痘痘去掉""痘痘长在脸上,时间久了留下痘印,以后还会留下疤痕"。这样自然而然就会引起用户的重视,也给了用户不得不买的理由。当然要注意一点,不要胡编乱造、虚假夸大,笔者经常看到主播对这一类产品夸大宣传,最后坏了口碑,所以作为主播一定要基于产品本来的功效去进行销售。

还有一个很常用的方法,就是帮助用户想象自己拥有这款产品时的样子,这个方法也是屡试不爽的。比如"有了这个口红,就会×××",其实这是一个心理学效应——海马效应。帮助用户想象拥有这款产品时的样子,会让用户对产品产生一种向往和依赖,进而想要拥有该产品,最终产生购买行为。再如很多的房地产广告,会帮用户想象"你拥有一座大房子,劳累了一天,回到家,打开家门,温馨的灯光,满桌可口的饭菜,超级舒适的沙发",使用户对房子产生向往,进而想要去拥有一套房子,产生购房的欲望。

7.5.5 利他思维，卖点提炼

只有站在用户的角度想问题，才能更好地卖出产品。在挖掘了用户的痛点、了解了用户的需求之后，一定要针对这些痛点给用户合理的解决方案。所以接下来进入满足用户需求的阶段，这个阶段需要把用户最担心的问题梳理出来，然后逐一击破。继续拿上面的祛痘产品来举例，用户担心的点就是用了产品以后会不会没有效果，会不会对皮肤有伤害，那么作为主播需要做的就是跟用户一起去使用这款产品，分享自己使用后的真实体验。笔者见过有很多主播销售产品时自己都不敢使用，这样用户怎么会相信产品的功效呢？

同时主播还需要给用户一种主播跟用户是统一战线上的人，与品牌/商家处于对立面的感觉，让用户觉得主播是在为用户着想、谋福利，比如"想要知道什么时候买车好，你得知道经销商是怎么想的"。

主播甚至可以把用户的一些典型问题或者想要的福利做成一期视频来进行讲解，如"粉丝们要求的×××帮大家找来了""很多粉丝@我想要××，帮助大家把价格盘下来了……"这样可以拉近主播与用户的距离，增强用户的信任感，提高转化率。

7.5.6 干货知识，提升价值

经过了以上种种"洗礼"，用户已经有了很强的购买欲望了，在此阶段主播需要给产品赋予更高的价值，使产品的价值得到升华（可以是品牌、包装、功效等）。这种价值提升应建立在产品确实有更高价值的基础上，如果没有，宁愿跳过这一步。

前段时间很受欢迎的抗氧化的虾青素精华，有的主播就从包装到设计再到品牌把产品的价值充分地展现出来了。

这一步比较适合单价比较高的产品，比如说房子、车子、玉石，相对来说行业信息透明度低，而主播们分享行业干货等信息，可以解决信息不对称的问题，用户就会觉得非常有价值。

提高产品价值有3个方法：讲解行业基础知识、分享颠覆性的知识、用户分层。行业基础知识，即主播是卖美妆护肤产品的就分享化妆护肤技巧，是卖房子的就分享怎么买到性价比高的房子，是卖玉石的就分享选购玉石的相关知识、展示玉石雕刻的场景。颠覆性的知识类似于揭露行业黑幕（不好的、不适宜公开的内容），让用户有恍然大悟的感觉，觉得主播知识很丰富，这样才会更相信主播所推荐的产品，比如"××行业猫腻""××大揭晓"等，利用用户的好奇心引发互动，营造用户急切想要主播揭秘的氛围。用户分层是指主播可以针对不同消费层级的用户，推出不同类型的直播内容，比如今天的直播主题是"10万元的预算怎么选车"，明天可以是"30万元的预算怎么选车"，后天是"50万元的预算怎么选车"，以此类推，其他行业也是一样的方法。

7.5.7 降低门槛，临门一脚

高性价比永远是用户所追求的，也是主播直播带货的核心，所以主播要告诉用户只有在自己的直播间里是最便宜的，只有今天或现在是最优惠的。主播可以利用"产品原价××，商场价××，淘宝价××，现价××，在我的直播间××，可以省下××"，帮直播间用户分析，打消用户对于价格的顾虑。这个方法是快手主播经常用的。有的主播会向用户展示主播跟供应商签的保底协议，并说明自己费了很大功夫才谈成这样的价格，让用户抓紧下单。

笔者见过卖化妆品的主播，在直播间讲完产品后，会打开淘宝、京东的产品页面，给用户呈现产品的市场价，或者是跟一些比较有名的产品做对比，产品含有一样的成分，但价格低了很多。固定的话术是"我们这款产品在某宝上××天以××价格卖了××单"，充分利用用户的从众心理，毕竟销量高代表产品火爆。接着主播可以说"但是在我的直播间只卖××，朋友们只要下单还会有××，或者是"××大牌需要××价格，但是我们的这款只需要××，而且我们的容量是××，是大牌的××倍，来朋友们，这个价格比我们上个月还便宜了××，这个价格只有我在冲销量的时候有，以后原材料涨价了就没有了，材料费××，人工费××，运输费××，总价格××，但在我的直播间只要××，这个我真的不赚钱，纯粹给朋友们发福利，其实我都不想带，就是为了冲个销量，只有我家的粉丝才有这个福利，没有关注的关注下主播，给主播个小心心，我们马上上链接"。这样的对比，可以给用户一种不买就亏了的感觉，刺激用户下单。

这一步在玉石领域用得更为广泛，因为玉石的价格不透明，而且价格跨度大。比如，有的玉石主播就会给粉丝开出4种价格，先给出一个市场价，一般都是很高的（价格高说明价值大），用户不太能接受；紧接着主播会说曾经卖过××（用户相对能承受的价位），这时会有很多用户心动；但是还没完，主播会继续给出一个低价，说这是为了冲销量的最低价格，这时很多用户都会要求上链接，想要购买；但主播继续给到更低的价格，表示这是为了回馈用户，话术如"今天在直播间里我的粉丝都可以以这个价格带走这个产品"。需要注意的是，不要盲目降价，要提前找好理由，如果理由没有说服力，反而不利于成交。同时营造紧迫感，话术如"只有这一批，只限今天，卖完就没有了，之前我卖××，上架立马被卖空，材料价格涨了，最后一批了"，减少用户犹豫的时间，刺激其下单。

当发现用户在下单时犹豫，主播需要从产品质量、售后、产品价格方面给用户信心，促使其快速做决定。

这里再分享一个主播常用的方法——绝对低价包退换。很多用户都担心自己刚买产品就降价，这样会感觉自己吃亏了，所以主播可以强调这绝对是最低价，话术如"××天内不会出现比这个更低的价格，我们不会再降价了，这个价格只此一次"，打消用户对于价格的顾虑，并且说"我们可以七天无理由退换，你觉得不好随时都可以退"，这样一来不但增强了用户的信任感，而且降低了用户的决策门槛。

对于产品质量，主播更要给出相应的背书，因为很多产品都涉及安全问题，

第7章
如何打造一场千万级的带货直播

这也是用户所担心的，所以主播们可以刻意强调"孕妇、宝宝都可以用，我也在用，我家里人也在用"，利用自身的使用体验给产品做背书。如果有质量证书，可以晒出权威的质检证书打消用户对于安全的顾虑。还可以使用顾客证言的方式来证明产品的效果，可以提前设置好要连麦的对象，让用过产品的人发声，进一步打消用户的疑虑。

以上的这些技能，是一个优秀带货主播必备的技能。主播需要在一次次的直播过程中不断地锻炼自己，直到把这些方法运用得得心应手。

除了这几步以外，还有几个技巧，也可以穿插在直播的过程中，帮助提升转化率。

1. 擅长讲故事，为产品赋予意义

孩子小时候就喜欢听爸爸妈妈讲睡前故事，所以喜欢听故事是人的共性，故事更有代入感、更无害、更吸引人。罗永浩首播的时候，在直播间花了很长的时间介绍产品、品牌故事，导致下方很多用户评论"别说了，上链接吧"；还有些主播会分享自己的个人经历、生活，分享自己的价值观，但用户就是想快点买产品，这就是讲好故事的魅力。

2. 赠品让销量翻一番

笔者见过一位很厉害的主播，销售一款产品就送出了12件赠品，有种赠品的价值远超产品本身价格的感觉。主播送的方式也很巧妙，不是一股脑全摆出来，而是先公布产品价格是××，但是为了回馈粉丝，今天特意送出赠品，紧接着将赠品一件一件放在桌子上，最后再把赠品和产品一起装进箱子里，满满的一大箱，价值××，价格××，一步步地攻破粉丝的心理防线，甚至有粉丝购买产品就是冲着赠品去的。而实际上呢，赠品的金额早已包含在产品的总价格中，但是用户不会这么认为，反而会觉得自己关注的主播有多么好，为了自己跟品牌方要了这么多好处，简直是花最少的钱，买最贵的产品，无形中提升了粉丝的忠诚度。

7.6 下期预告与粉丝引流

当主播把直播间里面所有的产品都介绍完以后，差不多这一场直播就已经接近尾声了。这里有一个误区，很多主播认为只要把产品介绍完，那么这场直播就结束了，所以匆匆地、草率地直接下播。然而在这里有一件事情非常重要，是主播一定要做的，那就是预告下次的直播以及引流私域流量。

7.6.1 预告下次直播的时间、内容和福利

为什么要去做下次直播的预告呢？

首先是为下次直播打好基础，提前做好冷启动，增加与粉丝之间的黏性，提醒粉丝下次依然有很多福利等着大家。因为这个时候还停留在直播间的，一般都是自己的忠实粉丝，要给粉丝一些期待，期待主播下场直播所带来的福利。当然还有一类是刚进入直播间的用户，这一类人呢，对主播不熟悉，并不知道主播是做什么的，而主播马上又要下播，更没有时间和理由去了解主播，但下次直播会有惊喜大礼送出，就是主播给新进来的用户关注主播的强有力的理由。

预告都包含什么呢？

主要包括时间、内容及福利。

首先告知用户下次直播是什么时间，让用户形成观看习惯，暗示用户提前空出时间来看直播。

其次预告下次直播的内容，主题是什么，都包含哪些产品，这样有利于吸引精准粉丝和新进来的用户。

最后预告下次直播的福利，这类福利一般是直播间的用户都能够获得的。比如"开播前3分钟，会进行关键词抽奖送礼品的活动，甚至还会有××超级神秘大奖"，或者说"下一期会有5折抢购××大牌的福利"；也可以跟用户相互约定好暗号，"下次互动的时候，只要报对暗号，就可以获得××"，给用户留下足够

的可以期待的惊喜，将本次直播的用户引流至下次直播中。

另外直播预告应重复多次，加深用户的印象，这样下次直播开启的时候，用户就会记得来看直播。

7.6.2 引导关注，引流私域流量

商家若希望自己能够长期稳定地获得精准流量与粉丝，就必须进行不断的积累和沉淀，把直播间吸引的粉丝引流到私域流量，也就是微信生态。将这些精准的粉丝进行深度的孵化与沟通，才能让流量池中的生态自行运转起来，以便于更加长期稳定的变现。

笔者有一个合作商家的俱乐部社群，这个社群里的商家年销售额都在几千万元以上，但是当认真看他们在群内聊天的话题的时候发现，群成员更多的时间不是在聊流量，而是在聊流量的下沉与深度运营。

当主播可以把粉丝沉淀到微信生态后，就可以用社群运营、朋友圈、抽奖和各种互动游戏，来提高粉丝参与的积极性，与粉丝形成长久的交互，产生持续的效益。

所以当直播快结束的时候，可以以产品的名义把粉丝引流到微信。

在直播间的粉丝要么是已付费的，要么是潜在的客户，所以如果能将这些精准人群引流到微信，就一定要抓住机会。直播快结束时可以告诉大家，产品后续有任何问题，或者说有新品通知和直播通知，都会通过微信的朋友圈来告诉大家，这样大家就会顺理成章地去添加主播的微信，尤其是那些有付费意向并且喜欢主播的精准粉丝！

引导的方式有很多种，下面列举几个供大家参考：可以引导用户去主播的主页查看联系方式并搜索添加；也可以引导用户咨询店铺客服，引导添加；还可以引导用户私信主播，自动发送添加微信的消息。但不建议直接在直播间说微信号，因为很容易被不怀好意的用户举报。

这一步都做完以后，那这场直播就真的快要结束了，这个时候主播还是不要匆忙下播，依然可以选择去跟粉丝再互动几分钟。这个时候主播可以对现场一直陪伴自己的粉丝表示真心的感谢，感谢大家的支持，说一些比较煽情的话，然后要用真诚的态度去感染粉丝。如果在直播的过程中有很多粉丝给主播大额打赏，那主播一定要记住对方的名字，在最后的时候点名感谢这些粉丝一直以来的陪伴与支持。在最后主播甚至可以给大家唱一首歌作为结尾，之后就可以顺利下播了。

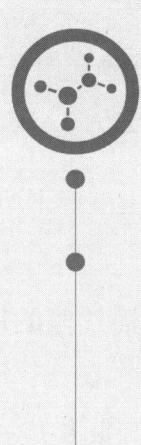

第 8 章
直播后的复盘与精进

虽然复盘属于方法论,但作为主播在做直播的第一天就要开始做复盘,以便后期可以根据自身情况及时调整直播方向,而不是等到直播效果变差的时候再来做复盘、看数据。

8.1 优质直播片段的切片与分发

在直播过程中,我们经常会看到很多十分精彩的内容,不过直播停止以后,内容也会随之消失,令人感到十分遗憾。这时我们利用直播切片,可以将直播中的精彩内容剪辑出来,形成新的短片,并进行多渠道的分发。

8.1.1 如何制作优质切片

在直播结束后,对直播内容进行整理,把直播中的精彩片段单独剪辑出来,形成一个新的片段,在行业里称为"直播切片"。这个技术在淘宝上比较成熟,其他平台略有欠缺。

1. 切片的好处

留下直播过程中的精彩内容,让没有观看到直播的用户也可以了解产品,并进行购买。

可以进行内容的二次利用,除了直播时产生的实时影响,还可以利用直播内容生成可多次重复运用的内容,以便在各平台反复使用。

另外这些精彩的片段会吸引很多用户点击进入直播间,促进成交转化。

2. 淘宝直播如何录制切片视频

淘宝直播切片视频录制路径如下。

运用淘宝直播 App,点击"我的"—"我的宝贝/录制宝贝讲解",即可开始录制。录制好的切片视频可在"我的视频"中查看审核结果。拍摄或上传完成后,可以进入视频编辑页面,进行内容、滤镜、特效、字母、音乐的编辑。

其他平台的操作并没有淘宝这么方便,主播可以在直播时选择"允许录屏",让助理或其他工作人员完整地录制直播的内容,之后再进行相应的剪辑或者是让助理直接拍摄直播中的精彩画面。

不过需要注意的是,在剪辑的直播片段中,尽量不要出现"福利秒杀"的字眼(即使出现也不要超过两次,并要注明福利的有效时间),不要过多出现跟产品无关的内容;视频的时长要控制在两分钟以内。开场可以介绍"这是一件××",之后再来讲述一下主播使用这款产品的原因(包含但不限于产品的材质、用法、使用场景)以及使用这款产品后的感受。如果在这个过程中能够搭配上粉丝的互动提问,效果会更好。

8.1.2 切片后分发渠道的选择

整理好切片之后,主播需要对这些制作好的短视频进行多渠道的分发与宣传。这些渠道包含但不限于抖音、快手、小红书、微博、B 站、微信等平台。一方面主播可以对直播内容进行留存与沉淀,另一方面多渠道分发产生的影响会更加持久,可以持续性地为主播后续的直播引流。

每一个平台都有自己的属性,有自己特定的用户群体,例如 B 站以年轻的男孩和女孩为主,喜欢新鲜潮流的事物;小红书以年轻女性为主,喜欢分享生活中幸福的事情和好东西;快手以三四线城市的中年人为主,喜欢接地气的感觉;微博以追星的年轻人、喜欢各类八卦的"吃瓜群众"为主。假设主播在抖音上的用户画像是 25～35 岁的年轻女性,那么直播切片的分发渠道首选小红书,在有精力的情况下再考虑其他渠道;如果用户画像是 18～25 岁的年轻人,首选的分发渠道应该是 B 站。

所以在做渠道分发时,一定要确定好主播的目标用户是哪一类的,有选择性、有重点地进行分发。

8.2 玩转直播复盘，让数据节节攀升

到底什么是复盘？

复盘不等于总结，总结是通过直播得出结论，而复盘是回头重新看整场直播的方方面面，甚至具体到直播过程中的细节，包括从刚开场的互动到产品的介绍以及引导用户下单的全流程。尤其是直播并没有取得预期效果时，主播需要坐下来回顾整场直播，预先设定是什么样子的，中间出了什么问题，为什么没有达到预期效果，需要把这些问题的答案弄清楚，之后再遇到类似的情况，主播可以吸取经验教训，轻松应对。

8.2.1 直播复盘的目的

一场直播活动，对于直播间的粉丝来说，直播结束了，就各自散去，忙其他的事情了，但对于主播和商家来说，这只是一个开始，因为接下来还要面临着发货、清点库存、复盘、数据分析等工作。

罗永浩的首播出现了很多"翻车"事故，当晚在直播间的用户会发现弹幕上很多人都在刷"赶紧下一个吧，太磨叽了""老罗翻车了""给品牌道歉""PPT又来了"等吐槽。但在这场直播结束后，罗永浩的团队进行了复盘，结果显而易见，在第二次直播的时候，罗永浩的直播间不再采用PPT介绍产品的方式，在品牌与产品的介绍上清晰简练了不少，在用户打赏时，罗永浩还对打赏的用户表示了感谢，也积极与用户进行互动。首场直播中出现的问题，在之后的直播中很少再出现。

某位大主播曾在一次接受采访中提到他一天的时间安排：每天20:15准时开播，基本在24:00前结束，复盘到凌晨4:00左右，到了快天亮的时候才能睡觉。休息到13:00，然后起床选品，准备新一天的直播。直播3小时45分钟，复盘4小时，大主播尚且如此，作为一个新人主播，需要做得更多。

|第8章|
直播后的复盘与精进

直播结束后进行复盘的目的就在于通过分析各项数据，找到直播中不足的地方，或者是做得还不错的地方，在下一场直播中改正错误或延续优点。主播只有不断地去提升每一场直播的质量，才能获得更多的收益和转化。

复盘到底能够带来什么？

1. 节省和高效地利用资源

在直播复盘的时候，除了会分析主播自身哪里做得好与不好之外，还会对整个直播团队人员的工作进行分析复盘，看每个人在整场直播中起到了什么作用。

找到对的人，用对的方法，可以帮助主播提高直播效率，提升直播质量。

2. 将直播流程化，不断精进

经常看某位淘宝头部主播的直播你就会发现，除极特殊情况外，他每天的直播都是按照美食类产品→家居类产品／日用品→美妆护肤品这个顺序去进行的。

如果每场直播后都去认真复盘，坚持一个月，新人主播也可以形成一套既适合自己的直播节奏、又能把用户长时间留在直播间的直播流程。虽然这套方法并不是一成不变的，但是主播只要根据自己每个阶段以及直播的主题做适当的调整，一样可以起到事半功倍的效果。

3. 不再犯同样的错误，持续精进

犯错不可怕，可怕的是一直犯同样的错误。一次犯错是机会，二次犯错是教训，三次犯错就是没重视错误了。如果次次都犯错，那只能说明你对主播这份工作没有敬畏之心。

直播的过程中主播可能会遇到各种各样的突发状况，或出现各种各样的错误。但主播可通过临场应变能力以及直播复盘过程不断地积累经验，更妥善地处理直播间遇到的突发情况，之后再遇到这样的情况解决起来就会比较轻松。

主播是连接用户与品牌方之间的桥梁，主播出错，不但会影响自己在用户心中的地位，降低用户对自己的信任度，同时还会给产品的品牌方带来负面的影响，破坏自己在品牌方心中的良好印象，进而影响到后期的合作。

而复盘就可以让主播汲取经验教训，不必一直为同样的错误买单。每次精进一点点，一个月过后，新人主播也能成为一名合格的成熟主播了。

4. 更好地明确目标

主播直播久了，很容易把"过程"当作"目标"，比如"做直播"只是一个过程，而"做好直播"才是目标。如果误把过程当作目标，那主播永远都会离目标"差一点点"。

但是在复盘直播的整个过程中，主播既有对结果的分析，也有对过程的回顾，所以会不断地提醒自己这场直播的目标是什么、方向是否正确、结果是否满意。

5. 将经验转化为能力

在抖音上，有的短视频账号有一条视频火了，但下一条火不起来，其他视频平淡无奇，这也导致直播间人气的激增与骤减。相信大部分人都听说过"你所谓的10年工作经验，只是一种经验用了10年"这句话，事实证明成年人70%的能力确实都是靠经验获得的，所以如果主播不会复盘，不会对经验进行整合、拓展，那主播的个人能力永远都不会得到提升。这也是为什么很多工作2～3年的"职场新人"的升职速度快过"职场老人"。直播后的复盘可以让主播及团队成员把直播过程中所积攒的经验转化为主播及团队的整体能力甚至是标签。比如，某位大主播在一次直播过程中喊："所有女生，所有女生，注意了，买它。"这一行为让当时的直播间气氛瞬间被点燃，产品下单率急增，而这个现象是在复盘时才发现的，从此之后，这句话就变成了他标志性的语句，也加深了普通用户对该主播的印象。

复盘可以让主播及其团队成员看到，成功到底是运气使然还是自身实力过硬，可以对自己有更清醒、更真实的认知，真正做到既不骄傲自满，也不妄自菲薄！

8.2.2 如何进行直播复盘

在清楚地了解了直播复盘的目的及意义后，接下来要思考的就是如何进行复盘，这里给大家提供几点思路。

1. 回顾目标，强化目标

很多刚开始做直播的新人主播，对于自身能力没有很清楚的定位，总是习惯把头部主播当作自己的对标对象。但是，残酷的现实会打击你，因为新人主播在短时间内很难达到头部主播的高度。目前的市场相对过于浮躁，新人主播单场带货上千万元的言论经常会出现在很多自媒体平台上，导致很多新人主播急于求成、沉不下心，但是每场直播能够达到这个数额的主播是少之又少，即使有也不是新人主播能做到的。

因此作为主播，我们需要在直播前提前设定好自己能够达到的目标，这个目标可以是直播时长、直播间人气、直播销售单数。如果不知道如何设定目标最合适，完全可以采用对标同行的方法，分析同行的数据，从而去寻找自己的目标。这里需要注意的一点是，一旦设定好目标以后，在完成这个目标之前不要轻易更改。

在飞瓜数据等工具平台，除了可以监测主播自己的账号数据，包括"涨粉"量、带货量、商品点击量等直播数据以外，还可以监测同行账号的数据。通过这些数据的对比与整合，我们可以看出自己与同行的差距，离自己当初设定的目标还有多远。如果没有达到目标，我们可以与团队成员一起分析问题出在哪里、该如何解决；如果达到目标了，那就向下一个更高阶层的目标迈进。

2. 分析数据，发现规律

在每场直播结束以后，直播数据出现一些起伏是很正常的事情。尤其是新人主播，在刚做直播不久，总体的样本数据还不够多的时候，不要急着做总结，而是要记录、分析单场直播的数据，等到直播了一个月的时候，再去整合所有的数据做分析，这样才可以清楚地看到自己的带货数据的变化趋势。做数据分析时，主播不能只是看看后台数据，而是要对每项数据都有清晰的认知，从而知道后期要调整的方向。关于如何做数据分析，我们将在下一个小节做详细的阐述。

3. 分析原因，改进问题

直播过程中总会出现各种问题，比如直播间流量太少、成交率低、"涨粉"量少……直播结束后，主播要做的就是找出这些问题，将问题分类，比如流量问题、转化率问题、留存率问题，方便后期优化调整。

直播间流量少，是因为作品引流效果差还是直播间封面、标题不好？成交率低，是因为直播成交话术没效果还是选品出现问题？"涨粉"量少，是因为账号垂直度不够还是作品或直播不吸引人？

主播及其团队成员要把这些问题分门别类地整理出来，然后有针对性地去解决。

在复盘时除了进行自我反思之外，主播及其团队成员还要收集用户对直播的反馈。收集渠道可以是直播平台的评论、私信，用户收到产品之后的评价。

无论是用户反馈还是直播中遇到的问题，都需要在复盘结束后再进行解决和跟进。

4. 回放直播，复制技巧

如果主播所在的直播平台允许回放的话，直播结束后一定要把自己的直播再从头到尾回看一遍；如果平台没有回放功能的话，主播可以提前让工作人员在直播前设置好录屏或者安排专门的运营人员在直播过程中随时记录出现的问题。

当主播在回看这场直播时，可以把自己想象成用户。假设你自己是用户，思考一下你愿不愿意看完这场直播，愿不愿意购买这件产品，愿不愿意与主播互动。采用这种方法，才能够更好地了解用户心理。

主播应一边总结优点，一边找出不足之处。优点可以在下一场直播中继续沿用；失误的地方要重点标记，切忌在下一场直播中重复出现这样的错误。

复盘可以提高个人能力、提升直播质量，并将这种质量提升转化为高成交率。学会直播复盘其实并不难，难的是背后琐碎复杂的工作。

复盘的重要性用一句话就能够概括：哪怕少直播一小时，都不要少复盘一小时！

8.3 掌握数据分析法,让直播间持续精进

做数据分析的目的有两个:一是盘活存量、扩大增量,盘活存量指的是充分调动关注主播的用户的积极性,扩大增量是尽可能多地吸引更多的用户关注主播;二是发现问题、解决问题,整场直播的数据在后台都是可以监测到的,我们可通过数据的变化找出不足,进而不断精进。

8.3.1 哪些数据值得特别注意

在直播结束后,抖音会给主播一个单场的数据反馈,如图 8-1 所示,其中包含"收获音浪""观众总数""新增粉丝""付费人数""评论人数"。

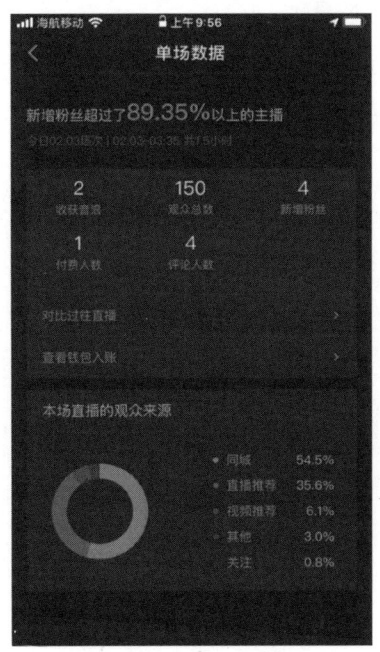

图8-1

除此之外,我们可以借助飞瓜数据等专业工具,去查看本场直播所对应的不同的数据。在直播前首先需要登录飞瓜数据(抖音版)进行数据监测,如图 8-2 所示。

图8-2

在直播过后,可以通过"直播分析",看到直播时的人数峰值、直播商品数、直播销量、直播销售额,如图8-3所示。

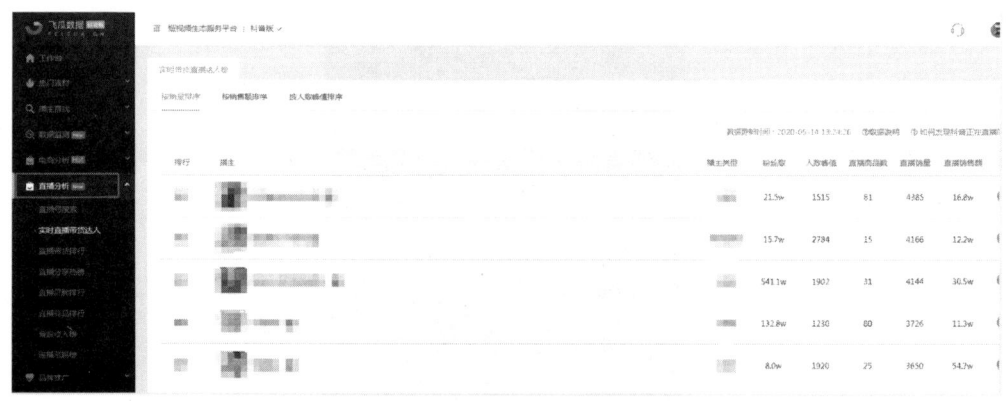

图8-3

在后台我们可以清晰地看到每个时间段的音浪收入、直播间人数峰值、粉丝团情况以及各个数据的趋势,如图8-4～图8-6所示。

第 8 章
直播后的复盘与精进

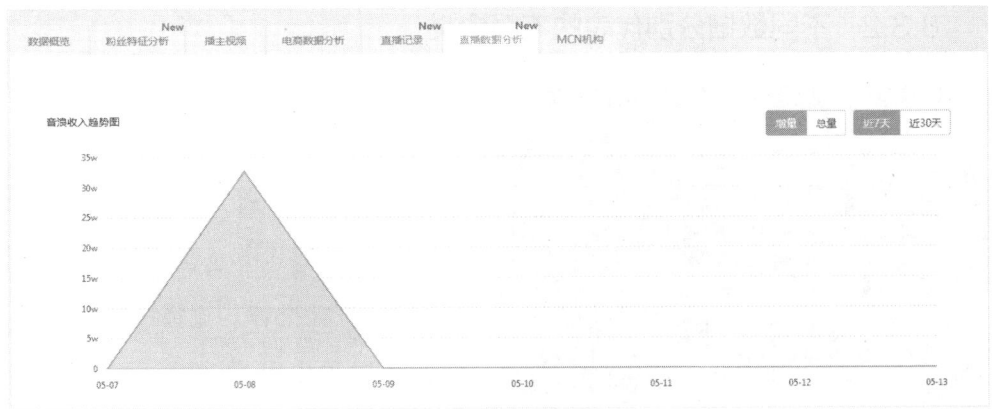

图8-4

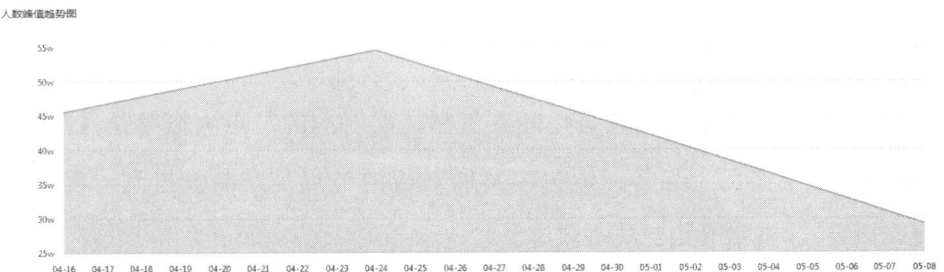

图8-5

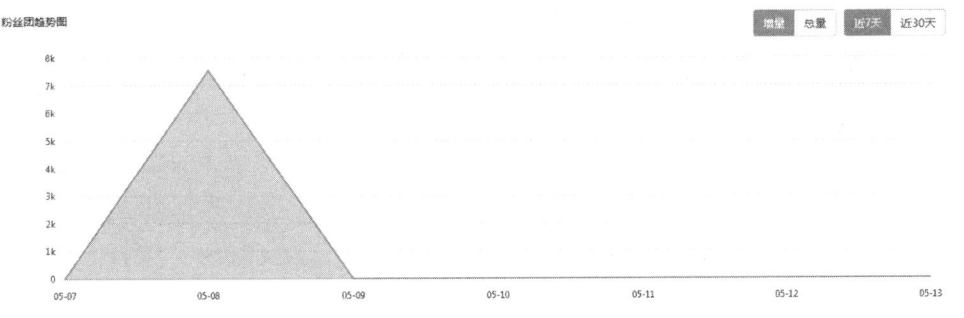

图8-6

8.3.2 不同数据分别代表的不同含义

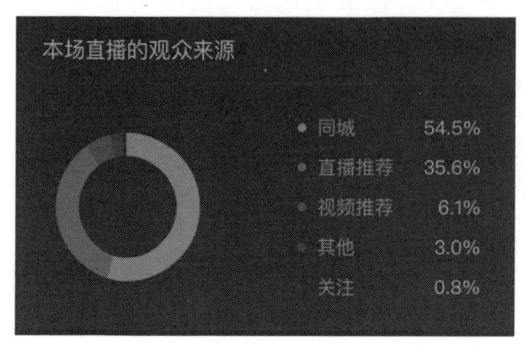

图8-7

对于新人主播来说,首先关注的数据应该是这一场直播的观众来源,了解直播间用户都是从哪儿来的,如图 8-7 所示,其中包含同城(同一个城市)、直播推荐(直播广场)、视频推荐(视频内容)、关注(关注的粉丝)、其他(分享等)。

除此之外,作为带货主播,我们需要观察直播过程中在线人数增长率高和流失率高的节点,做好记录,以便后期随时调整直播流程与节奏。

一般来说,增长率高代表直播间人气高,所对应的节点大概率是直播抽奖、互动较好、主推产品上架等;流失率高所对应的节点是产品没抢到、直播事故(画面卡顿等)、直播开始乏味平淡等。

同时我们还要关注直播间购买人数的变化,正在购买的人数越多,说明上架的产品对用户的吸引力越大。在比对过产品的销量后,需要主播及其团队计算转化率,转化率高,说明下次直播还可以上架同类型的产品。如果转化率低,就要分析是什么原因导致用户明明对产品有兴趣却不下单,是价格问题还是质量问题,找到症结所在,进而解决问题。

8.4 粉丝运营与交互

粉丝是一笔巨大的财富,经营好粉丝会为主播创造更大的收益。

8.4.1 打造人格化 IP，做用户的朋友

随着短视频和直播的高速发展以及 5G 技术的应用，用户与电商平台、短视频平台的交互方式正在发生巨大的改变。相比于传统电商的"人找货"模式，直播电商完成了向"货找人"模式的转变。"人"在整个直播电商中扮演着更为重要的角色。

在直播间里，主播与用户进行的一对一或者一对多互动过程就是留住用户、提高用户信任度的过程。

现在想象这样一个场景：一位新主播和李佳琦同时推荐一支口红。作为消费者你会更信任谁的推荐？会在谁那儿下单？

笔者相信或许在买手机或者买零食的时候，用户不会想起李佳琦，但是大部分女生要买口红的时候，第一时间还是想要去看看他推荐了什么色号。那为什么绝大多数人都是这个答案？原因就在于李佳琦"口红一哥"的人格化 IP 形象被深深刻在了大部分用户的脑海里。

那什么是人格化 IP？人格化 IP 其实就是在提到品牌产品或某领域时用户能够将其和某个人 IP 或者虚拟 IP 联系起来。

为什么要去打造专属于自己或者企业的人格化 IP？其原因在于具有辨识度的人格化 IP 才能够被用户记住。

笔者在前面也提到了现在是流量竞争、同质化竞争最激烈的时代，无论是主播还是企业，每时每刻都有被取代的可能。这就要求主播或者企业在同质化严重的市场里，能够打造快速让大量用户认识你、记住你的特点。

当品牌产品定价在用户消费能力范围之内，用户还是会更倾向于选择知名度高、品牌价值明确的产品；直播也是如此，用户更可能会选择在产品质量更好、价格更实惠、主播更专业的直播间下单。

打造人格化 IP 并没有想象中那么困难，相反，在互联网高速发展的今天，打造人格化 IP 越来越容易，关键是找到正确的方法。

1. 寻找人设，固定人设

每一位主播都应该有自己的固定人设，在前文"直播间定位五部曲"（6.1 节）中，有关于主播人设定位的详细解释，这里再简单概括一下。首先，在确定人设前要选好行业，因为不同行业所需要的主播人设形象各不相同。其次，要对自身能力有清晰准确的认知，如"我是谁""我是做什么的""我能给用户带来什么价值"。清楚这 3 个问题之后，接下来就要思考面向的用户群体是谁。是男是女？年龄多大？职业是什么？最后再来考虑要通过哪种形式吸引到这些用户的注意力。是搞笑、专业、情感，还是技术？

主播开播了不等于就具备了人设，主播在直播过程中的一言一行是主播人设的重要组成部分，主播独有的经历、语言、风格、作风等叠加起来才能形成一个极具特色的人设。

假设主播是做美妆的，人设可以是一个连续创业 10 年的美妆品牌老板，传递的思想就是坚持用好材料做出好用的产品；也可以是一个"踩过无数坑"的美妆经验分享者，只分享自己认为好用的产品；还可以是想给孩子更好生活的妈妈。这些人设所对应的群体就有所不同，美妆品牌老板对应的是相对高端一些的用户，美妆经验分享者对应的是一些不是很懂化妆技巧的年轻女性，妈妈对应的是跟自己情况相仿的用户。需要注意的一点是，在前期还未形成固定人设时，不要随意更改人设，以免造成用户的流失，但主播的人设也不是一成不变的，可以随着后期主播的实际发展情况进行逐步的优化调整。

2. 打造"人"的特性，与用户做朋友

相比于与普通人比较有距离感的明星来说，新人主播离用户更近，接地气、亲和是主播跟明星之间最大的区别。因此认真对待每一位用户是新人主播前期必须要做到的，主播要重视用户的感受，要突出人情味，无论是在直播间还是收到私信时，都要让用户感受到热情、关怀、重视、尊重。主播可以从这 6 个方面去打造自己作为"人"的特性，拉近与用户之间的距离，分别是用户昵称、人设昵称、标签化表情、标志性动作、语言风格和肢体语言。主播可以给直播间用户取一个好听的昵称,"宝宝""家人""老铁"这些是主播们常用的称呼,但主播可以在此基础上加入自己的属性,比如主播叫"董董",就可以称呼直播间的用户为"董董的家人们";主播叫"小柒",可以称呼直播间用户为"柒宝",让用户有一种归属感。

3. 打造差异化人格 IP

无论在哪个平台,差异化定位都是主播的撒手锏。在抖音上,有很多美妆主播,一个新人主播如何与这些主播们竞争呢?其中最简单也是最难的方法就是打造差异化人格 IP,给用户一种你跟其他美妆主播不一样、让人耳目一新的感觉。打造差异化人格 IP 的方法有很多,如"人无我有,人有我精,人精我优,人优我改"。这里只分享一个最简单的,就是跨界。

什么是跨界?简单来说就是从某一领域跨入另外一个领域。

新人主播可以结合自己的行业、经历,去思考有哪两个领域是自己可以去跨界的,这样就可以形成自己与其他主播的差异,还可以吸引两个领域的粉丝,扩大粉丝群体。

4. 包装好微信个人号与朋友圈

微信个人号的设计,最常见的 5 点分别是头像、名字、个性签名、背景图和朋友圈。

一个人的头像约等于一个人的真实形象,作为主播,我们需要通过头像向用户展现自己亲切、美好的形象。

名字可以加深用户对主播的印象,让用户清楚地知道主播是谁、是做什么的、对自己有什么帮助。采用"人名+领域"的方式,能够让用户快速搜索到主播,例如"小柒素人直播带货"。

个性签名是对主播情况的补充说明,需要简单明了地告诉用户,主播有什么样的成就或者头衔,为什么要记住自己,在哪方面可以给用户帮助。

作为新人主播，刚开始可以采用一些具有亲和力的照片或者暖色系的图片作为背景图片，待后期人设深入人心后，再去调整成合适的背景图片。

从抖音引流至微信的用户，除了看主播的头像，还会点进主播的朋友圈，进一步了解主播，所以主播需要打造好朋友圈。一个好的朋友圈绝不是满篇的广告，这也不是用户想看到的，"干货输出＋产品介绍＋日常生活＋正能量"是一个朋友圈基础的标配。

8.4.2 持续输出干货，为用户创造价值

直播带货这一行业未来的发展趋势，一定是越来越精准、越来越垂直。只有给用户更多的干货或价值，用户才愿意留在直播间，进而去购买主播推荐的产品。因此如何持续地输出干货，为用户创造价值是主播们必须要思考的问题。

1. 把握用户心理，了解用户需要解决什么问题

（1）什么是干货

干货就是没有一句废话，能够实实在在帮助用户解决问题的内容。

主播如果是做培训的，干货就是某个知识点；如果是做带货的，干货就是产品能解决用户哪方面的需求。

但是很多主播在输出干货时会有一个通病：把自己当作这个领域最权威的专家，认为自己说的一切都是对的，或者夸大产品的卖点，进行虚假的宣传。其实用户对于这类干货往往并不买账，甚至会产生反感、厌恶的情绪。因此主播在输出干货时一定要站在用户的角度，输出风格可以是轻松、幽默的，但输出的内容要严谨，要把握住用户的心理。

（2）怎样才能把握住用户的心理

最简单的办法就是去一些问答平台进行自己同领域关键词的搜索，看用户都问了哪些问题。如果是美妆领域，搜索的关键词就包含彩妆、化妆、美妆等；如果是服装领域，搜索的关键词就包含服装搭配、穿衣风格等。常用的问答平台有

知乎、豆瓣、微博、今日头条、简书……

2. 自身掌握的技能条件

主播在输出内容时，经常会面临一个矛盾，那就是输出的内容到底是为了得到用户的认可，还是自己的认可，如何找到这个矛盾的平衡点。

简单概括来说就是"先讲对方想听的，再讲对方能听得进去的，然后讲你该讲的，最后讲你想讲的"。

以用户为导向，先获取用户的基础信任，再培养深层次的信任，之后再讲主播认可的内容，最后对用户进行营销，争取让用户认同主播所传递的内容、所推荐的产品。

3. 输出频率

如果每天都进行干货输出或者进行直播销售，久而久之就会造成用户的"审美疲劳"。因此主播可以固定自己的直播频率，比如每周五直播，每天17:00～20:00直播，给用户一个期待，同时也给自己留出充足的时间进行学习或者选品等，确保在直播间输出的内容或产品的质量。

4. 不断提升自身素质，丰富直播内容

"三百六十行，行行出状元"，直播也是如此。作为主播，我们需要不断地学习，提高自己的能力，要居安思危，向同领域的大主播们看齐，看看他们是如何把控直播节奏，如何选品，如何引导用户购买的。对于新人主播来说，大主播们的直播脚本、直播流程就是干货，是需要反复研究琢磨的。

8.4.3 多与用户交流，挖掘用户的深度需求

主播就是要离用户更近，离粉丝更近，听取粉丝真正的需求，那从哪里获取粉丝的需求呢？

粉丝群无疑是最快捷的途径，很多大主播都有同名的官方粉丝群。每当有重要信息发布时，都可以通过微信群直接触达粉丝。同时还可以及时地收集粉丝的

反馈，因为很多粉丝购买了产品以后，会有各种各样的疑问，会在群内进行讨论，这时主播能够给出相应的回复，粉丝就会有被重视的感觉，更乐于给出更多积极的反馈，方便主播后期的选品。

那如何才能与用户多交流，挖掘用户的深度需求呢？

1. 以真心换真心

把直播间的用户当作朋友，让他们感受到主播的真诚。在直播的过程中，虽然主播也会跟用户进行互动，但更多的是在销售自己的产品，留给用户的时间相对较少，下播后就可以安排专门的助理去跟进每位用户的需求，解决用户问题。

在重要的节日时，主播可以适当地给直播间的用户送福利，让用户觉得自己被重视、被记得，跟其他人不一样，尤其是目标人群为女性时，更要这么做，因为有时候这些小细节更能打动女性用户。

2. 运营好粉丝群

如果说主播是一个关键意见领袖（Key Opinion Leader，KOL）的话，那么群内活跃的"大粉"就是关键意见消费者（Key Opinion Consumer，KOC）。这些活跃的"大粉"可以在群里引导其他粉丝积极参与讨论。除此之外，主播还可以经常在群内进行发红包、成语接龙等游戏，调动粉丝的积极性，同时安排好助理及机器人一起管理社群。

除了线上的交流以外，主播还可以举行小型的线下粉丝见面会，"线上＋线下"的结合才能更好地提高粉丝的黏性，增强其对主播的信任度。

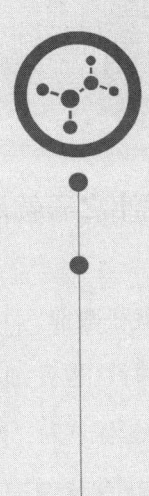

第 9 章

市场巨变，普通人的红利期真正到来

大多数时候，乐观者看到的是机遇，而悲观者眼里却是危险。

9.1 混沌之后就是爆发

时势造英雄，互相成就的机会就在眼前。

5G技术的发展推动着商业的前行，也使细分领域的电子商务（社交电商、跨境电商）及短视频领域迅速崛起，逐渐成为"网红"经济、直播带货模式的巨大推手。产业升级的人工智能、在线教育及5G引领的通信技术革命，车联网、物联网都变得更加高效，"线上购物""线上教育""线上办公"都在加速替代传统线下模式。未来，市场将迎来一次大爆发。当外部环境不利时不要焦虑，把握机会、随机应变才能走得更远。

9.2 不同行业如何抓住此次变革红利

每一个行业都有每一个行业的机遇，且几乎每一个行业都可以借助"短视频+直播+电商"模式为行业赋能，寻求新的业绩增长点。

9.2.1 "三农"领域的新时代变革

短视频作为移动互联网时代的一种创新的内容展现形式和传播方式，具备门槛低、接地气、易创作、微记录、可视化、轻传播、社交化、时长短等特点，深受大众用户的喜爱。目前"短视频+直播+电商"模式已经运用到现代农产品的销售中，接地气的内容、真实人物、真实故事和真实情感等在短视频及直播领域很受欢迎，帮助多个贫困地区解决了农产品销售的问题。

什么是"三农"短视频？

以农民、农村、农产品为核心进行创作、拍摄的视频内容称为"三农"短视频。视频中的主角是农民,场景是农村原生态的地理风貌、风土人情、美食特产等,整个视频给用户传达出一种朴实、岁月静好的真实感,如李子柒的视频大多就是这种风格。

近年来,政府鼓励电商扶贫,利用短视频等新媒体渠道传播农村文化,助力农村发展,为农民增收,各大短视频平台积极响应国家号召,纷纷推出"振兴魅力乡村""助力贫困县""非遗合伙人""幸福乡村"等计划,平台流量倾斜,"三农"短视频逐渐兴起,造就了大批粉丝量达百万、千万的农村"网红"。

对乡村不同场景的多元化展示,更容易拉近用户与创作者之间的距离,增强情感纽带,进而完成变现。用户在看到视频或直播中对自己家乡的美食和特产的展示时,在视觉冲击力和情感的刺激下很容易产生消费行为。如几位姑娘通过短视频每天记录家乡的日常生活、展示家乡的自然风光,仅一年的时间就收获了大批粉丝,同时还将家乡的刺绣、稻米、小黄姜等特产销往全国各地,帮助家乡实现了全面脱贫。这样的例子还有很多,众多创作者凭借在短视频上发布具有家乡特色的美食、农产品,逐渐走上了短视频直播电商的道路,最终带领家乡人摆脱了贫困。

相比其他领域的创作者来说,自身拥有产品、靠近产品的"三农"创作者,在流量扶持、用户感兴趣的双重助推下,在变现方面有着天然的优势。

虽然"短视频+直播+电商"模式能够让用户更加直观地了解农产品的信息,使产品具有更高的可信度,但怎样才能把农产品与短视频、直播和电商更加完美地结合起来呢?

1. 故事化情景

短视频及直播不能仅介绍产品,一个场景化、真实的故事更容易吸引用户、引起用户的共鸣。要为农产品赋予一个有感染力且具备情怀的故事,首先要有一个好的故事背景,能够让用户对产品产生深厚的感情,赋予产品一种价值主张,吸引用户注意力，帮助创作者进行传播。无论是回馈家乡也好，创业失败也罢，把用户带入故事的情境中，提高用户对植入的产品或服务的期待值，产品或服务自然而然就卖出去了。

2. 营造身临其境的感觉

城市的扩张挤压着乡村的生活空间，城市的喧闹让人更向往乡村的宁静，越来越多的人喜欢追忆童年或者青年时的生活，因此会不断地提及当年的事情，而"三农"短视频就是要唤醒或者重构用户的集体记忆。快节奏、压力大的城市生活可能会让人喘不过气来，而通过观看短视频可以寻求到暂时的休憩与逃离，获得一种原始、本真的快乐。"三农"短视频最大的看点就是原生态，因此内容必须真实，视频中人物的形象要符合农村的生活场景及人物设定，同时要与当地的特色结合起来。

通过原生态的风土人情提高用户的体验感，打造最原生态的乡村田园风，如河边的流水声、山林里的虫鸣声带给用户的听觉享受，菜园、鱼塘、果园、田野使整个视频自然朴实，袅袅炊烟、阡陌交通、鸡犬相闻式的画面更加真实且生动。"乡村环境＋人物实时生活状态"是这类视频一贯的拍摄手法。

而直播能够让创作者与用户进行实时的交流与反馈，利用直播时的互动为用户构建身临其境的感觉，让用户仿佛置身于农产品的生长环境中，能随时看到产品细节。在直播间里，主播可以直播吃水果、做饭、养殖禽类、捕鱼等，让用户可以直观地看到这些农产品是绿色的、天然的、无公害的，从而提高转化率及销售额。

3. 专业人做专业事

术业有专攻。在农产品的生产中，有很多绕不开的专业知识；"三农"短视频的拍摄制作有点类似于VLOG的制作方式，需要有连贯的故事情节、超强的画面感、完整的故事策划及专业的团队；产品的售后服务及研发也需要专业人员来开展。只有把专业的人安排在专业的位置才能让其发挥最大的价值，并让农产品销售拥有持久的生命力。

"三农"短视频不仅仅局限于农村生活，随着用户审美需求及个性化需求的日益多样化，对乡村风景、风土人情、种植养殖、乡村美食、农村养老、乡村教育、留守儿童、传统风俗、老物件等都可以进行深度的挖掘，拍成更具特色的短视频。

"三农"短视频中鲜明的人物形象尤为重要，一个好的形象可以实现巨大的商业价值。如李子柒，用户通过其长期以来的视频见证了食物就地取材的真实性，促使用户对其产生信任与认同，最终完成了从粉丝到消费者的转变。

目前农产品的直播和视频已经由农民自己录自己播的阶段逐渐进入专业人士、专业技术介入的阶段，农产品的直播和视频也会越来越精彩、越来越吸引人。

9.2.2 服装行业的万能转型模板

店铺租金逐年上涨、库存积压、服装同质化严重、竞争压力大……这些都是实体服装店铺老板面临的现实问题。但也有很多服装店家从其他平台获取到不少的精准流量，如抖音、快手等短视频平台。在抖音这一平台上，服装类的账号占比不小，拥有几百万粉丝的账号就有几十个，抖音是服装行业获客、带货的好渠道。如图9-1所示，一条最新发布的服装类视频，仅一个月的时间就售出5万多件。

那如何把线下的服装通过"短视频+直播+电商"模式推广出去，又有哪些账号类型、内容展现形式可供参考呢？这里简单给大家列举几个热门视频模板。

1. 干货类——穿搭技巧

这类视频比较常见，主要是分享穿搭法则、着装误区等干货，如图9-2所示。

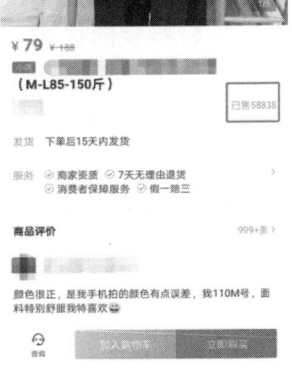

图9-1

2. 热门音乐、卡点走位类

这类视频一般是颜值较高的年轻人随着音乐凹造型、摆动作，如图9-3所示，伴随着热门音乐，视频给用户一种感官上的冲击，刺激用户下单购买。

图9-2

图9-3

3. 服装测评类

分析服装的优缺点，让用户可以更精准地选择适合的衣服，既有干货知识，又提升了视频的观看性，如图9-4所示，但要注意实事求是，不能以偏概全，不然容易导致相反的效果。

4. 素人改造类

通过一个普通人改造前和改造后形成的巨大反差，衬托衣服上身之后的效果，如显瘦、提升气质等，用户会因此对衣服产生极大的兴趣，进而产生购买的欲望，如图9-5所示。

第 9 章

市场巨变，普通人的红利期真正到来

图9-4

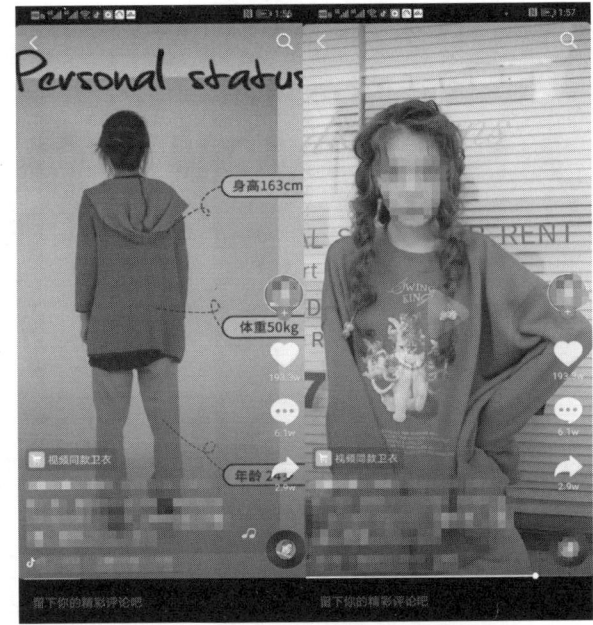

图9-5

5. 服装创业记录类

记录服装店店主创业的故事，包括创业过程中遇到的问题、收获的惊喜以及一路成长的点点滴滴，拉近店主与用户之间的距离，激发用户的情感共鸣，如图9-6所示。这类视频不但可以带货，还可以塑造个人IP，沉淀用户，为后期更高客单价的转化奠定基础。

6. 产品制作过程对比类

视频中展现的内容主要是店主为了生产满足用户喜好、解决痛点的好产品做出了很多努力。比如某款鞋子，为了使人穿上鞋子后显高显瘦，前后改版了多次，这样的对比能增加用户对店主的信任，增强用户的购买欲望，如图9-7所示。

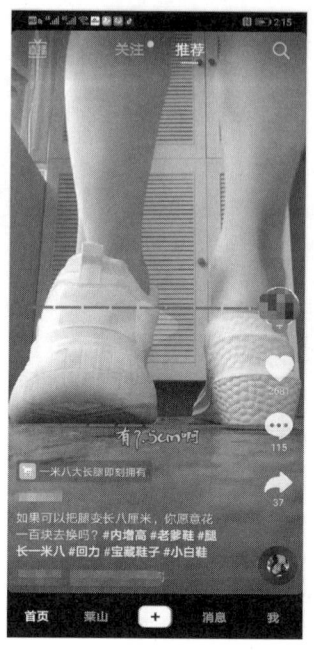

图9-6

图9-7

7. 打破场景认知类

通常来说，服装的拍摄一般都是在服装店、镜子前，但也可以利用一些反常的场景来进行拍摄，如大街上、沙滩上、风景区等，给用户一种美人、美景、美衣的视觉愉悦感；再比如厨房、路边摊等，给用户一种强烈的视觉反差，增加用户对服装的记忆点。

除了以上这7点外，还有技术换装类（模仿动漫人物穿搭并快速换装）、才艺展示类（唱歌、跳舞等）、剧情类（亲子、情侣、闺蜜等）、特色IP类（潮流、时尚、酷炫等）、独特记忆点类（夸张造型、固定话术等）、细分类（大码女装），都是抖音上常见的服装类热门视频的展现模板，想做服装类短视频的创作者可以选择合适的展现形式。

除了视频的展现形式，标题文案也需要多下功夫。关于标题文案已经在"吸睛标题，创作标题的五大核心模板"（3.2节）中详细阐述了技巧和方法，这里再简单说一下。一定要做好关键词布局，平时多去搜索、积累与服装相关的关键词，让系统知道这个账号是垂直于服装领域的，才会推荐更多的精准用户。服装领域标题的关键词一般有"回头率""前任""腿粗""显瘦""洋气""小个子""高腰"等，可以在写文案时把关键词镶嵌进标题里。

在做服装类短视频时，店家要慎重选择上镜的模特，视频传递给用户的是模特穿出来的效果，建议选择高颜值的模特。此外，一成不变的视频容易被用户看腻，一条视频只能维持较短时间的热度。所以要根据平台的规则，不断创作出新的热门视频。如果想快速引流，可以尝试投放DOU+，不过要记录好投入产出比，不断优化投放数据。

9.2.3 餐饮门店的全新机遇

抖音是一个很好的获客平台，海底捞花式吃法为海底捞火锅吸引了大批的流量。目前不仅仅是海底捞、西贝这样的大品牌会在抖音上获客，地方小馆儿甚至是路边摊也都开始了抖音引流。

在抖音上，美食类的账号类型有以美食制作为主的教学类账号，还有地方的美食分享类账号，但这两种类型较为单一，都不适合某一家餐饮门店去做。那餐饮门店该如何通过抖音获取流量呢？

1. 固定人设

一家餐饮门店可以挑选店长或有特色的店员作为固定的出镜人物，真人出镜会增加消费者对门店食品安全的信任感。

2. 设置记忆点

在今天同质化的内容越来越多，用户对于内容的记忆越来越模糊，而在视频中增添有效的记忆点（可以是语言、道具、表情等），不但有利于传播，而且能够加深用户对店铺的印象。如"来了老弟"，一提起这句话用户就能想到"腰子姐"；再比如干冰玫瑰、铁铲餐具、小熊样式的火锅底料等，都可以形成用户对于店铺独特的记忆点。

3. 参加相关话题挑战

抖音平台经常推出官方的热门话题挑战赛，会吸引很多人前往挑战。商家可以在抖音上搜索相关的挑战赛，选择参加调性相匹配的挑战赛，有条件的商家还可以自己发起挑战赛。

4. 隐藏吃法、隐藏菜单、暗号

利用用户的好奇心，满足用户的猎奇心理，如"原来这家店还有这种吃法，以前我怎么不知道"，出于这种心理用户就会主动到门店打卡，解锁新吃法。"海底捞的番茄牛肉饭""豆泡鸡蛋虾滑"都是网友们创造出来的隐藏吃法，也吸引了很多消费者到店里消费。

5. 打造特色菜

一道可以与用户互动且极具传播力的菜品能够为店铺吸引大批流量，如西安摔碗酒带火了一条街，会变魔术的土耳其冰激凌带火了当地的旅游，面包鸡、干冰玫瑰带火了餐馆的生意，如图9-8所示。

图9-8

6. 原汁原味、食品安全

随着经济水平的提升，吃得放心、安心成为大多数消费者的追求，餐饮店在拍摄视频或直播时，如果可以以食材为切入点，展现食材的天然、绿色、无公害，以及制作工艺的安全、无毒、干净、卫生，会打消部分消费者对于食品安全方面的顾虑，增大线下消费者到店的概率。如店铺主打海鲜，就可以展现海鲜的鲜、活。

7. 门店温馨日常

视频内容为门店里每天发生的故事，可以是搞笑的，也可以是感人的，通过视频演绎出来，传递给用户，不但给用户带来了欢乐，无形中还塑造了门店的文化氛围。谁不喜欢在一家积极、向上、温馨的店里吃上一顿饭呢？即使是一家街边面馆也有温馨的日常，如账号"待用面馆"，所有的视频都充满了正能量，虽然老板长得比较凶，但做的都是奉献爱心、关爱他人的正能量的事情，看完整个视频后，你会发现老板的凶只是想照顾顾客的自尊心，整个账号充满了浓郁的个人色彩及文化氛围，如图9-9所示。

8. 打破常规的实物场景

在9.2.2小节提到过在打破常规的场景中进行服装的拍摄、展示，同样，美食类视频也可以利用非常规场景来吸引用户。比如沿海地区常见的海鲜宴，长达一米的盘子里铺满了各种海鲜，跟大多数用户平时出去吃饭的场景有所差别，食物种类丰富、颜色鲜艳，很容易吸引用户的眼球，从而产生到店消费的欲望，如图9-10所示。

预算充足的情况下，门店还可以考虑"KOL（关键意见领袖）+POI（地理位置定位）+DOU+"的模式，让视频获得更大范围的传播，覆盖更广的人群，从而吸引更多精准用户到店消费。

图9-9

图9-10

9.3 全民播商时代来临

新零售研究之直播电商系列报告《直播电商三国杀,从"猫拼狗"到"猫快抖"》中根据调研预测"2019年直播电商总GMV超3000亿元,未来有望冲击万亿体量,同时MCN机构快速发展,目前市场规模超100亿元,未来有望加速放量成长"。

直播带货目前已经成为突破流量增长瓶颈的公认抓手,多平台布局之下,"百播大战"已然来临。

9.3.1 普通人崛起的时代降临

"短视频＋直播＋电商"的结合,给营销带来了前所未有的创新想象空间;直播的兴起,为品牌、企业、个人都构建起了转化的闭环。短视频直播电商正悄悄占据着、影响着大众的生活。

各大平台纷纷布局直播带货,尽可能地丰富平台上直播的主体,增加内容的丰富度与可看性,培养用户的观看习惯,提升直播观看率。

在平台上不但有明星、"网红"、达人进行直播,更是推出"百万开麦""练习生请开播""王牌直播间""企业直播月"等活动来刺激平台内部的原生主播、品牌型主播带货,拿出百亿流量扶植产业带货和商家开直播,属于普通人直播的时代已然来临。在抖音上可以延伸出的直播带货的场景和品类越来越多,很多看似不适合直播带货的品类也有可能在小圈层内畅销,优质且垂直的内容加平台的精准推荐可以帮助商家快速找到适合产品销售的圈层用户,进而通过直播进行转化。汽车、房地产……让大众看到直播带货可以赋能、改造更多行业的传统销售路径,为无数普通人提供了机遇。

9.3.2 传统电商卖家的市场红利

电商平台逐步进入增长瓶颈,流量价格越来越高,流量采买需求越来越大,若不能快速找到可替代平台,在电商红利期获得的利润会一点点地回吐给市场。

而抖音则是当下最佳的电商替换平台,抖音电商的增长空间巨大,会逐步从新奇特电商逻辑,进化为传统电商的投产比逻辑。目前市场处于红利期,投产比较高,只是把传统电商的详情页和首图进化成了视频与直播间,电商老玩家上手较快。

9.3.3 新人如何抓住这轮时代机遇

作为一名新人,如何在时代的红利下抓住机遇,获取一番成就?

1. 学习

作为一名新人,在进入一个行业前,首先要做的事就是学习。学习短视频的底层逻辑、学习短视频的内容制作、学习拍摄剪辑、学习直播技巧、学习后期运营；只有掌握了扎实的基础之后，才能创作出优秀的内容，才能在平台上获利。

2. 入圈

俗话说得好，入行先入圈。作为新人主播，在学习并掌握了短视频直播系统的操作逻辑后，就需要去加入大量的行业圈子，获取更多的、有价值的人脉与资源。直播带货行业里最重要的就是供应链，但优质的供应链其实是掌握在少数做得比较好的同行手中的，像笔者做的"荣耀俱乐部"就整合了大量的优质供应链、头部电商主播达人和拥有投放需求的大量商家。作为一名新人，在进入某个圈子后，需要做的就是挖掘社群中对自己有帮助的资源并与之达成合作。

3. 定位

短视频直播电商的细分领域多如牛毛，新人在开始正式操作之前一定要先想好行业定位。选择一个离自身资源优势较近，又利润达标的行业类目极其重要。因为利润决定了生命周期，如果入行几个月还没有获得收益，作为新人主播很容易失去继续努力、继续前进的动力。

4. 对标

大部分正确的方法都有"前辈"（先一步接触短视频和直播并做出成绩的人）踩出了通路。作为新人主播，在选好定位之后，找到最匹配的对标账号就成了重中之重。找对标账号有几个技巧，这里简单分享一下。

① 通过行业标签和行业热门话题搜索相关账号与热门视频。

② 尽量不要找作品超过 100 条、粉丝量超过 100 万的账号作为对标账号。因为已经做到百万级的账号大都有一个较长的时间沉淀，作为一名新人你并不知道最早的时候这些账号做过哪些事情。

③ 多找那种粉丝量不过百万、最近发布的 10 条作品的点赞量稳定在 1 万个左右的账号作为对标账号，这种账号的稳定性和可复制性较强。

5. 实操

光学不练假把式，只是看了、听了，但没有付诸实践，就不要说自己做过，不要说行业不行，只有把学会的内容进行实操，才能快速地成长，从而摸索出适合自己的道路。开始行动比空想更重要，不要怕前期视频没有多少流量、直播间没有多少人，先上路，在路上解决问题！

最后用笔者的口头禅结尾："别光想，去干！"